NOTÍCIAS EM DISPUTA

MÍDIA, DEMOCRACIA
E FORMAÇÃO DE PREFERÊNCIAS
NO BRASIL

Conselho Acadêmico
Ataliba Teixeira de Castilho
Carlos Eduardo Lins da Silva
José Luiz Fiorin
Magda Soares
Pedro Paulo Funari
Rosângela Doin de Almeida
Tania Regina de Luca

Proibida a reprodução total ou parcial em qualquer mídia
sem a autorização escrita da editora.
Os infratores estão sujeitos às penas da lei.

A Editora não é responsável pelo conteúdo deste livro.
Os Autores conhecem os fatos narrados, pelos quais são responsáveis,
assim como se responsabilizam pelos juízos emitidos.

Consulte nosso catálogo completo e últimos lançamentos em **www.editoracontexto.com.br**.

NOTÍCIAS EM DISPUTA

MÍDIA, DEMOCRACIA
E FORMAÇÃO DE PREFERÊNCIAS
NO BRASIL

Flávia Biroli
Luis Felipe Miguel

Copyright © 2017 dos Autores

Todos os direitos desta edição reservados à
Editora Contexto (Editora Pinsky Ltda.)

Montagem de capa e diagramação
Gustavo S. Vilas Boas

Preparação de textos
Lilian Aquino

Revisão
Tomoe Moroizumi

Dados Internacionais de Catalogação na Publicação (CIP)
Andreia de Almeida CRB-8/7889

Biroli, Flávia
Notícias em disputa: mídia, democracia e formação de preferências no Brasil / Flávia Biroli e Luis Felipe Miguel. – São Paulo : Contexto, 2017.
224 p.

Bibliografia
ISBN 978-85-7244-987-8

1. Comunicação de massa – Aspectos políticos 2. Comunicação na política 3. Democracia 4. Presidentes – Brasil – Eleições 5. Presidentes – Brasil – Impedimentos 6. Processos – Impedimentos I. Título II. Miguel, Luis Felipe

| 16-1520 | CDD 302.23 |

Índice para catálogo sistemático:
1. Comunicação na política

2017

EDITORA CONTEXTO
Diretor editorial: *Jaime Pinsky*

Rua Dr. José Elias, 520 – Alto da Lapa
05083-030 – São Paulo – SP
PABX: (11) 3832 5838
contexto@editoracontexto.com.br
www.editoracontexto.com.br

SUMÁRIO

Introdução: mídia, conflito e formação de preferências 7
Luis Felipe Miguel e Flávia Biroli

Meios de comunicação, preferências e voto no Brasil 23
Flávia Biroli e Luis Felipe Miguel

Jornalismo, conflito e objetividade 57
Flávia Biroli e Luis Felipe Miguel

O jornalismo como gestor de consensos 91
Flávia Biroli

A reprodução dos estereótipos no discurso jornalístico 117
Flávia Biroli

Kitsch e discurso político na mídia 147
Luis Felipe Miguel

Igualdade e oportunidade nas campanhas de Lula 169
Luis Felipe Miguel

Conclusão: a mídia e a democracia no Brasil 199
Luis Felipe Miguel e Flávia Biroli

Bibliografia 213

Os autores 223

INTRODUÇÃO: MÍDIA, CONFLITO E FORMAÇÃO DE PREFERÊNCIAS

Luis Felipe Miguel e *Flávia Biroli*

Os meios de comunicação de massa revolucionaram nossa forma de estar no mundo. Desde a imprensa, no século XVII, até a internet, hoje, passando centralmente pelo rádio e pela televisão, a mídia transformou os fluxos de informações, produziu novos rituais da vida diária, proporcionou uma quantidade antes inimaginável de vivências vicárias. Este livro é sobre os meios de comunicação de massa e seu impacto social; em particular, seu impacto sobre as formas do conflito político no Brasil contemporâneo.

Embora dialoguem permanentemente com a realidade brasileira, os textos que formam o livro possuem a ambição de contribuir para uma compreensão teórica aprimorada da relação entre os meios de comunicação e a política. Para tanto, é importante aprofundar o entendimento dos processos produtivos da mídia – como os estudos sociológicos do chamado *newsmaking* fazem há décadas – e de sua interface com as estratégias dos agentes políticos. Trata-se de uma questão que ainda permanece subdesenvolvida na teoria política, o que, aliás, contrasta com a atenção que recebe dos líderes políticos nas disputas reais: eles possuem uma preocupação quase obsessiva com sua visibilidade na mídia.

Os estudos da área indicam duas vias principais de influência da mídia sobre a política (cf. Miguel, 2014, cap. 4). Por um lado, a influência sobre os agentes políticos, que adaptam seus discursos às formas exigidas pelos meios e moldam suas formas de ação na expectativa da cobertura midiática que pretendem obter. Por outro lado, há o impacto sobre o público, que vai se situar a partir das representações do mundo que recebe da mídia. Ela tem, portanto, uma influência decisiva no processo de formação das preferências políticas.

Ao discutirmos a mídia, nos capítulos que se seguem, pensamos em primeiro lugar no jornalismo. É claro que seus outros conteúdos – que compõem a "programação de entretenimento" – também têm importância, na medida em que transmitem valores e visões de mundo. São material ideológico, para usar um conceito imerso em polêmica, mas que tem o mérito de jogar luz sobre o caráter ativo das representações do mundo. Mas o jornalismo, entendido como o sistema que reúne, seleciona, hierarquiza, organiza e vende informações sobre a atualidade, possui um impacto político muito direto. É a ele, em primeiro lugar, que se dirigem os formadores de opinião e candidatos à liderança política; é dele que o público retira o material que contribui de maneira mais ostensiva para seu entendimento das alternativas políticas existentes a cada momento. É dele, também, que as novas formas de sociabilidade, como as redes sociais, retiram a maior parte do material que discutem e reinterpretam em seus próprios espaços.

INTRODUÇÃO: MÍDIA, CONFLITO E FORMAÇÃO DE PREFERÊNCIAS

Como prática social, o jornalismo se constituiu em torno de um conjunto de valores que sustentam sua pretensão de expor o mundo "tal qual ele é" a seu público.[1] Os ideais clássicos de imparcialidade, neutralidade e objetividade podem ter sido desafiados por percepções mais complexas dos processos de produção das notícias, mas continuam ocupando posição central na autoimagem dos jornalistas, na constituição dos esquemas de atribuição de valor a seu trabalho, na defesa desse trabalho diante das pressões internas e externas ao campo jornalístico, na construção de um referencial ético compartilhado pelos próprios jornalistas – e também na sua legitimidade diante dos consumidores de informação.

Ao lado da imparcialidade e de seus correlatos, há outro valor perseguido pelo jornalismo: o pluralismo. Se não é possível atingir o ponto arquimediano a que a imparcialidade aspira, podemos ao menos alcançar um sucedâneo dela ao expor todas as múltiplas parcialidades. Há um movimento similar ao que ocorre na teoria democrática, em que o ideal de "governo do povo" tende a ceder passo à ideia de que as decisões seriam tomadas em resposta à pressão de múltiplas minorias. Com isso, a partir da metade do século XX, o pluralismo se tornou uma espécie de "índice" de democracia.

Na nossa compreensão, a abordagem liberal pluralista faz uma crítica insuficiente à imparcialidade, mantendo-a como o valor-guia final. O problema estaria na realização imperfeita desse ideal e não em suas implicações políticas. Assim, fica mantida a oposição entre parcialidade e objetividade para a avaliação do trabalho jornalístico e de seu grau de pluralismo – a saber, de sua competência para *reproduzir*, fielmente e de maneira equilibrada, as vozes e os interesses que fariam parte, *per se*, dos debates e contendas considerados relevantes o suficiente para compor o noticiário. O jornal "plural" replicaria objetivamente a pluralidade existente na realidade. Além disso, a abordagem pluralista implica o entendimento de que as múltiplas vozes se encontrariam numa arena que seria uma espécie de palco, e não um ator. Um dos efeitos que a abordagem pluralista produz é o de que as perspectivas sociais em concorrência seriam incluídas *a posteriori*, em vez de serem constituídas e ampliadas (ou restritas) pelos próprios meios de comunicação.

Mas os limites do pluralismo midiático, nas democracias liberais, são bem evidentes. Como observou Daniel Hallin, o jornalismo se move dentro do que chamou de "espaço da controvérsia legítima". Diferentes vozes devem estar representadas, mas vozes consideradas dissidentes ou desviantes de um consenso básico não precisam ser levadas em conta: a *Fairness Doctrine* (diretriz oficial do jornalismo estadunidense entre 1949 e 1997) não devia dar guarida aos comunistas (Hallin, 1986: 116-7). Muitas vezes, o pluralismo na cobertura é entendido como a necessidade de refletir o sistema partidário: são as posições dos principais partidos que precisam estar representadas. Na medida em que, como a pesquisa da ciência política mostrou, a disputa partidária tende a puxar as principais legendas para o centro, o debate na mídia pode incorporar apenas uma fatia bastante limitada do espectro de posições presentes na sociedade. Além disso, outras formas de atuação política, assim como as visões de mundo que mobilizam, não correspondem em grande medida à própria concepção da política e dos conflitos políticos que o jornalismo chancela.

O que procuramos fazer é deslocar o problema de modo que a noção de pluralismo político incorpore o problema da relação entre a democracia, os meios de comunicação e o "pluralismo social" (Miguel e Biroli, 2011, cap. 2; Miguel, 2014, cap. 3). Desse modo, torna-se possível analisar a sobreposição entre as posições presentes na mídia e aquelas presentes no campo político a partir de um entendimento que evita avaliar se o noticiário é plural tomando como referência processos que já são, eles próprios, excludentes. O jornalismo é, assim, um ator na conformação da esfera pública, na qual emergem com pesos relativos distintos as posições que seriam, então, consideradas independentes dos mecanismos que as ativam, ampliam ou restringem. Ao mesmo tempo, se ser plural é espelhar as posições no campo político tal e qual ele se conforma em um dado momento, outras posições, que têm importância na sociedade, mas dificuldade de chegar às instituições políticas, podem ficar de fora. O debate público que ocorre nos meios de comunicação permanecerá fechado a elas.

O conceito de perspectiva, tal como desenvolvido na obra de Iris Marion Young, oferece um caminho para compreender as formas de exclusão que impactariam um público ou uma esfera de representação constituída, minimizando sua pluralidade e também seu potencial democrático. Ela entende que os sujeitos a serem analisados, aqueles que são objetos de exclusão ou favorecimento, não são os indivíduos, mas os grupos. Esses grupos não possuem uma identidade permanente, essencial: existem como função das interações entre os diversos grupos numa sociedade historicamente constituída. O caminho, portanto, é entender os processos que indicam "uma rede de relações de reforço e restrição" que geram diferentes condições de acesso às esferas sociais, atuando "conjuntamente para produzir possibilidades específicas e excluir outras" e operando em um "círculo de reforço" às condições, posições e relações existentes (Young, 2000: 93).

Os valores da imparcialidade e da objetividade no jornalismo, embora possam servir como uma forma de resistência relativamente a pressões de governos e mesmo de agentes econômicos, escondem a adesão a posições que, por sua vez, correspondem à visão de mundo de alguns grupos, mas não de outros. Numa sociedade cindida por clivagens (de classe, de gênero, de raça, entre muitas outras), a apresentação de visões parciais como se fossem "nenhuma posição" permite que as experiências e os interesses de alguns grupos sejam universalizados. Como as clivagens que diferenciam os grupos correspondem a privilégios, estamos falando de hierarquias socialmente estruturadas que ganham forma no debate público por meio da visibilização e da vocalização desigual dos grupos.

A própria definição do que faz parte e do que não faz parte do universo legítimo da política reflete tais assimetrias. Numa crítica influente ao conceito habermasiano de esfera pública, Nancy Fraser (1992) indicou a necessidade de "contrapúblicos" em que os grupos subalternos fossem capazes de discutir entre si e produzir uma visão mais autônoma do mundo. Na medida em que os meios de comunicação de massa formam um eixo determinante da esfera pública, as observações da teórica estadunidense contribuem para questionar até que ponto o programa político dos dominados passa pela inclusão igualitária na mídia hegemônica ou, por outro lado, pela geração de suas próprias redes de comunicação. Não se trata, no entanto, de reduzir o problema fundamental da assimetria entre as grandes empresas, que têm no seu peso atual um recurso para fazer valer seus interesses e pressionar pela manutenção de um sistema de mídia no qual sua centralidade permaneça, e as mídias que abrigariam perspectivas alternativas (ou críticas), mantendo muitas vezes uma posição frágil ou marginal. Na análise de Fraser, prevalece a tensão entre o reconhecimento de que existem diversos públicos (e perspectivas, para mantermos a noção corrente nesta discussão) e a análise crítica da assimetria entre eles, isto é, de como suas posições relativas correspondem a diferentes recursos para se fazer ouvir, fazer valer seus interesses e incidir sobre a política institucional.

A visibilidade diferenciada nos meios de comunicação é entendida como parte de um "círculo de reforço" que naturaliza não apenas a visão de mundo de alguns grupos, mas o exercício desigual de influência nas democracias. Há matizes entre a exclusão pura e simples de um grupo e os obstáculos para que esse grupo tenha alguma autonomia na definição de quais são suas necessidades e seus interesses. Em um polo, temos a ausência, os

INTRODUÇÃO: MÍDIA, CONFLITO E FORMAÇÃO DE PREFERÊNCIAS

estereótipos e a definição dos grupos como "objetos" de políticas e apreciações muitas vezes investidas de um caráter técnico, em outro, temos a possibilidade de que grupos diferenciados e que competem na construção de sentidos para sua experiência e para o mundo social tomem parte autonomamente no debate. Quanto mais próximos estamos do primeiro polo, maior é a possibilidade de que os estereótipos orientem os juízos relativos às diferentes competências e habilidades de homens e mulheres, às diferentes disposições morais de ricos e pobres, à capacidade que os diferentes indivíduos teriam para emitir opinião sobre assuntos *públicos*, para citar alguns exemplos.

Nesse quadro, portanto, a imparcialidade não é apenas vista como inatingível: ela serve a funções ideológicas bem definidas. Como indica Young, ela sustenta a ideia de neutralidade estatal, que se manifestaria na autoridade burocrática e nos processos decisórios hierárquicos. Em especial, a imparcialidade reforça a opressão ao transformar o ponto de vista de grupos privilegiados em uma posição universal. A unidade à qual as diferenças são reduzidas é forjada artificialmente e é também socialmente situada. A negação da pluralidade se vincula a uma moral transcendente, capaz de totalizar as perspectivas – e de afastar quem permanece do lado de fora. O resultado é eliminar a alteridade como integrante efetiva do espaço público. Por fim, a imparcialidade legitima hierarquias baseadas na divisão entre público e privado, assegurando despolitização da opressão de variados grupos.

Usar a imparcialidade como critério-chave para avaliar o grau de democracia, de justiça ou de pluralidade da mídia ou do jornalismo implica perder de vista uma parte relevante das dinâmicas de opressão. É um valor que promove a ocultação dos lugares de enunciação dos discursos e das redes de diferenciação que os caracterizam e que fazem com que circulem por determinados espaços e sejam aceitos como verdadeiros.

Na abordagem de Young, a noção de objetividade ganha um significado diferente daquele que é corrente na deontologia do jornalismo. De um lado estariam perspectiva e objetividade e, de outro, imparcialidade e ponto de vista universal. No primeiro campo, justiça envolve a consideração e negociação entre perspectivas variadas – incorporando a diversidade e o conflito social e, *por isso*, promovendo uma visão *objetiva* das relações sociais. No segundo, justiça envolve a promoção do bem comum, superadas as particularidades. Ela apresenta como neutras e universais as posições dos grupos hegemônicos e, *por isso*, no limite, impõe o silêncio às perspectivas sociais de outros grupos. Ou seja: a objetividade é entendida como uma conquista da comunicação democrática que "inclui todas as posições sociais diferenciadas", mas não é "simplesmente algum tipo de soma de seus pontos de vista diferenciados" (Young, 2000: 114).

Essa interação não permitiria a superação dos conflitos estruturais, mas levaria a um alargamento do pensamento, a um melhor entendimento das demandas por justiça e a uma compreensão mais objetiva de cada posição e das relações entre elas. Ensinaria sobre as perspectivas de outros e explicitaria, a cada um, o quanto sua própria experiência é perspectiva (Young, 2000: 117).

A partir da discussão anterior, é possível chegar a algumas conclusões provisórias sobre as relações entre jornalismo, impacialidade e pluralidade, que orientam as discussões que fazemos neste livro:

(1) O ocultamento da posição de enunciação do jornalismo, que ocorre graças a seu discurso universal/imparcial, funda a legitimidade e credibilidade de sua intervenção no espaço público. O discurso jornalístico se coloca como transcendendo os conflitos sobre os quais fala. Ele seria um discurso imparcial porque reconstrói o todo incorporando as diferentes partes. Mas isso não implica um agnosticismo valorativo. Porque apreenderia a totalidade de forma desinteressada, ele se apresenta como capaz de falar em nome de valores universais – o progresso, a ética, a democracia. Essa imparcialidade presumida diferencia o discurso jornalístico

do discurso de outros agentes, que tentam mobilizar tais valores, mas sempre o fazem a partir de uma posição reconhecida como interessada e parcial. E ainda quando toma posição, com clareza, ao lado de determinadas partes no conflito – como o jornalismo brasileiro, em sua quase totalidade, fez ao longo da disputa entre os governos do Partido dos Trabalhadores e a oposição conservadora –, essa tomada de posição é assumida em nome de valores como a honestidade no trato da coisa pública e a boa gestão da economia, que seriam de validade universal.

(2) O que o jornalismo produz, ao procurar uma representação objetiva das diferentes vozes sem escapar de sua perspectiva situada, é um simulacro da pluralidade. Convergem para tanto a afirmação de critérios profissionais, tecnicamente orientados, e a crença de que o jornalismo *reflete* a realidade que o circunda. Indivíduos e grupos em posições sociais de prestígio e mando teriam visibilidade maior (e diferenciada) porque essa vantagem corresponderia à realidade social. Suas características socialmente valorizadas se transmutariam em visibilidade diferenciada, como se as primeiras existissem independentemente dos quadros de valores que assim as definem e reproduzem, como se essa visibilidade não fosse justamente um elemento central na reprodução da escala de valores que os distingue. Percebe-se aqui a oscilação entre um argumento que destaca a autoria e a escolha dos profissionais e outro que afirma que o jornalista apenas capta e reproduz a realidade tal como ela lhe aparece. Um argumento ressalta os critérios profissionais; o outro, a realidade que existe de forma independente dos critérios com que a prática jornalística opera. A aparente contradição é superada quando se percebe que ambas as posições estão ancoradas numa mesma ideia: de que o jornalista se coloca em uma posição não perspectiva e mobiliza, em seu trabalho, critérios não situados socialmente. Estão ancoradas, também, na ignorância deliberada da reflexividade do trabalho jornalístico, isto é, do fato de que ele transforma o mundo social

que é seu objeto. Ao universalizar a perspectiva social de seus agentes, apresentando-a como neutra, o jornalismo torna-se incapaz de absorver a pluralidade do mundo social.

(3) O jornalismo assume a posição de fiador do pluralismo político. Da sua posição, determina os limites desse pluralismo de forma que é entendido como desdobramento direto do que está fora dele ou como julgamento legítimo, porque descolado das disputas políticas e dos interesses em conflito. Ele julga, com critérios próprios, quem merece participar do debate e, assim, estar presente no noticiário. O campo político e os interesses empresariais exercem influência, mas, no cotidiano das redações, a escolha imediata das personagens que compõem o noticiário é uma prerrogativa dos jornalistas. Essa prerrogativa é ostensivamente defendida quando se tornam mais agudas as tensões com outros campos (especialmente o político) e com os imperativos econômicos de seus empregadores. Por outro lado, a incorporação da visão e dos interesses das empresas pelos jornalistas pode ampliar suas chances de ocupar posições de maior responsabilidade e autonomia nas escolhas cotidianas, reduzindo essas tensões na mesma medida em que a "disciplina" é potencializada sem a necessidade de controle aberto.

Está em jogo também a posição social dos próprios jornalistas, que demarca o lugar de onde percebem o mundo que representam cotidianamente. Por isso, é importante observar que, para a produção de um ambiente de informação democrático, a pluralidade necessária não é apenas a pluralidade de proprietários da mídia (a fórmula liberal da concorrência), nem mesmo somente a pluralidade de formas de financiamento – que tende a aceitar que um jornalismo liberado das pressões do mercado seria portador dos "verdadeiros" valores da ética profissional. A pluralidade necessária é a pluralidade de vozes sociais, que ainda precisa ser construída no espaço público.[2]

É preciso que os diferentes grupos sociais tenham possibilidade de produzir informações a partir de suas próprias perspectivas, o que implica no descentramento do padrão de profissionalismo jornalístico e dos padrões de hierarquização da expressão – sobretudo dos discursos políticos. Não se trata, no entanto, de acenar com uma solução que se daria pela substituição de uma perspectiva dominante por outra, dominada, que lhe seria ética ou cognitivamente superior. As perspectivas dos grupos subalternos não podem ser consideradas a fonte de onde emanariam posições políticas "não contaminadas", exteriores às disputas, aos constrangimentos impostos pelos campos e, em especial, aos padrões legitimados historicamente para a verbalização das opiniões políticas e a representação dos interesses em disputa.

Por outro lado, a incorporação de perspectivas reconhecidamente diversas pode consistir na acomodação das diferentes trajetórias e posições sociais por elas representadas à lógica predominante nos campos político e jornalístico. O fato de que essa incorporação envolva conflitos não elimina a tendência à concentração de recursos e à reprodução ou recomposição das hierarquias. Entendidos conforme a definição de Bourdieu, os campos sociais – tanto o político quanto o jornalístico – exercem um efeito homogeneizante, impondo uma matriz de comportamentos e formas de apreender o mundo (o *habitus*) que é condição para o ingresso em si e exclui maneiras alternativas de agir e pensar. Por mais que, como o próprio Bourdieu (1981) assinala, os integrantes do campo ajam de forma estratégica para reconfigurá-lo, buscando torná-lo mais favorável à sua própria posição e trajetória, uma eventual pluralidade de perspectivas de origem sempre esbarrará na exigência uniformizadora da posse de um *habitus* adequado para a permanência naquele espaço. A concentração do capital político, própria dos regimes representativos, e a capacidade técnica de produzir informação, exigida pelo jornalismo, são geradoras de desigualdade. A ampliação das redes em que a expressão se dá não significa que foram abolidas as hierarquias entre grupos. O acesso a recursos expressivos permanece desigual e algumas formas de dizer o mundo e tornar públicos experiências e interesses são tomadas como superiores ou mais legítimas (muitas vezes porque percebidas como desinteressadas, como técnicas) do que outras.

É possível lembrar da diferenciação entre estratégias "afirmativas" e estratégias "transformadoras" (Fraser, 2003: 75). As primeiras visam incorporar mais grupos aos espaços sociais de poder e status, questionando as hierarquias vigentes, mas não pondo em xeque a existência de hierarquias. As segundas, mais ambiciosas e utópicas, buscariam "desconstruir" tanto as oposições binárias que fundam as identidades de grupo quanto as próprias estruturas da desigualdade social. Sob esse prima, a pluralização das perspectivas no jornalismo é uma proposta de natureza afirmativa. Ela obrigaria o campo a se redefinir de maneira potencialmente mais democrática, mas manteria a separação entre produtores e consumidores de informação.

Porém, cumpre observar que, quanto mais distante o grupo está do campo – e quanto menos os integrantes do grupo dominam os códigos discursivos considerados legítimos –, mais a exigência de incorporação encontra resistências e mais mudanças na estrutura do campo requer para ser atendida. A reivindicação da pluralidade de perspectivas, assim, tensiona as formas estabelecidas de exclusão e dominação. Se não há um "ponto de chegada", uma situação ideal em que todas as perspectivas sociais estejam igualmente presentes, uma vez que o campo reinventa seus princípios de hierarquização, a consciência da exclusão pode forçar permanentemente a redefinição dos seus limites.

Em suma, a incorporação de perspectivas diferenciadas convive com a reprodução de concentração de poder que caracteriza esses campos, mas impõe novos desafios às formas como essa reprodução se dá. A afirmação da pluralidade social ou a defesa da ampliação das perspectivas sociais presentes não encerra, portanto, nenhuma panaceia, mas expõe os limites da crítica pluralista e das representações da pluralidade presentes no discurso jornalístico. O percurso teórico que apresentamos neste livro contribui, assim, para a análise das conexões existentes entre as formas de reprodução das estruturas sociais (no caso, especificamente das estruturas dos campos político e jornalístico) e os conflitos relativos a potenciais reconfigurações dessas mesmas estruturas.

É esse conjunto de preocupações que fundamenta os capítulos aqui reunidos. O primeiro deles, escrito em coautoria, analisa a relação entre a comunicação e a definição das preferências políticas. Apresenta, inicialmente, uma crítica aos estudos sobre mídia e eleições no Brasil, que pressupõem que os processos de comunicação se dão de forma unilateral e regulada, projetando a existência de um eleitorado mais homogêneo do que de fato é, pressupõem que "a mídia" é um bloco monolítico, redutível aos principais conglomerados de comunicação, e compreendem as relações entre mídia e eleitorado a partir desses dois pressupostos simplificadores. A partir da crítica, são indicados caminhos para compreensões mais sofisticadas dessa relação, levando em conta a diversidade do tecido social e a complexidade dos circuitos comunicativos.

Também em coautoria, o segundo capítulo discute o valor da "objetividade" na construção do discurso e na orientação das práticas jornalísticas. A análise das revistas semanais de informação brasileiras permite observar que o ideal da objetividade e a afirmação dos valores morais não são excludentes: "fatos objetivos" e julgamentos complementam-se na legitimação do jornalismo como guardião dos valores sociais. O compartilhamento de posições sociais – e preconceitos – entre os jornalistas e seu público permite que perspectivas e interesses específicos sejam vocalizados como se correspondessem à totalidade, naturalizando um padrão de valores e transmutando julgamentos em fatos. No jornalismo, a neutralidade corresponde à validação de discursos hegemônicos.

A atuação política do jornalismo, em uma análise que parte da crítica aos efeitos da distinção entre jornalismo partidário e jornalismo profissional, é o tema do terceiro capítulo, de Flávia Biroli. A atuação do jornalismo expressa ativamente uma posição política situada. É a expressão de uma parte nas disputas mesmo quando não existe alinhamento político-partidário estável. O recurso à transcendência ou à imparcialidade é complementar, e não alternativo, a essa atuação partidária. Ela corresponde à expressão naturalizada de compreensões da política que definem os limites das controvérsias, a agenda e os atores que serão vistos como politicamente legítimos. Ao reproduzir no noticiário as fronteiras da política democrática tal como é atualmente configurada, o jornalismo promove o esvaziamento de conflitos fundamentais para uma maior pluralização da política e se coloca na posição de "gestor de consensos".

Também assinado por Flávia Biroli, o quarto capítulo discute a relação entre mídia e tipificação a partir de uma análise do conceito de estereótipos. O ponto de partida são definições correntes do conceito de estereótipo, a partir das quais é discutida a conexão entre estereótipos, agenda e enquadramentos. O capítulo procura contribuir para uma análise teórica dos estereótipos na mídia, propondo que sejam compreendidos como artefatos morais e ideológicos. O problema central, que a análise teórico-conceitual procura informar, é o das tensões e ambiguidades presentes nas dinâmicas de reprodução e de superação dos estereótipos no discurso jornalístico.

Os dois capítulos finais, ambos de autoria de Luis Felipe Miguel, enfocam o discurso político mediado. O quinto capítulo parte do conceito de kitsch, caracterizado por Umberto Eco como um "meio de afirmação cultural fácil, por um público que se iluda, julgando consumir uma representação original do mundo enquanto, na verdade, goza apenas de uma imitação secundária da força primária das imagens". A partir daí, é desenvolvido um entendimento de kitsch político, observando que, na era dos meios eletrônicos de comunicação, o discurso político deve utilizar signos de distinção, que marquem suas diferenças em relação às formas expressivas correntes na mídia e deem à audiência a impressão de assistir à "alta política", associada à "disputa de ideias" e à discussão aprofundada.

O sexto capítulo, por fim, analisa as transformações no discurso político de um líder de origem popular, estudando a propaganda política do Partido dos Trabalhadores (PT) na campanha presidencial de 2002. A "profissionalização" da comunicação de Lula, que foi parte integrante da guinada "pragmática" de sua estratégia política, coroou um longo processo de acomodação com o *establishment* político, que sepultou a novidade radical que o PT representara. De acordo com uma inspirada expressão de Haquira Osakabe, nos anos 1970 Lula trouxe para a cena política brasileira uma "palavra imperfeita" – não apenas porque transportava para a arena política a prosódia e a sintaxe próprias das classes populares, mas sobretudo porque não se prendia às fórmulas acabadas, aos modelos prontos das esquerdas tradicionais e, muito menos, das elites estabelecidas. O discurso se alimentava da experiência vivida dos trabalhadores e dos embates cotidianos dos movimentos sociais. É o traço que se perde com o "aperfeiçoamento" ocorrido em 2002, quando Lula e o PT se adaptam aos padrões do discurso político dominante, em forma e em conteúdo.

Como conclusão, os autores do livro analisam as inflexões no comportamento político da mídia brasileira, a partir sobretudo da reeleição da presidente Dilma Rousseff em 2014. Na campanha eleitoral e no processo que levou ao golpe do *impeachment*, os meios de comunicação de massa revelaram um ativismo indisfarçado, tornando-se atores políticos centrais. O discurso da imparcialidade tanto cumpre um papel legitimador quanto estabelece limites que, se ultrapassados, inviabilizam a própria legitimação. Em momentos cruciais, a eficácia da intervenção parece ter pesado mais do que a preservação da credibilidade. A tensão entre o controle da informação por uns poucos grupos e o regime democrático tornou-se, uma vez mais, um tema incontornável.

NOTAS

[1] A discussão que fazemos aqui resume argumentos apresentados com mais vagar em Miguel e Biroli (2011, cap. 3).
[2] O "ainda" pode ser contestado por visões mais entusiásticas sobre as novas tecnologias da informação e da comunicação. De fato, elas geraram uma multiplicidade de novas plataformas para a publicização de conteúdos. Permitem que grupos marginalizados construam suas redes e disputem a interpretação do mundo social. Trata-se de uma abertura importante, cujo impacto não deve ser desprezado. No entanto, sua posição ainda é sobretudo de reação à agenda e aos enquadramentos dominantes nos veículos tradicionais. A capacidade de produção da agenda, em particular, permanece quase de mão única: a velha mídia pauta sites, blogs e redes sociais todos os dias. O contrário ocorre com muito menor frequência.

MEIOS DE COMUNICAÇÃO, PREFERÊNCIAS E VOTO NO BRASIL

Flávia Biroli e Luis Felipe Miguel

Os estudos brasileiros sobre as relações entre a mídia e a política foram inaugurados pela eleição presidencial de 1989. Se antes havia uma ou outra pesquisa, em geral com a política aparecendo como aspecto secundário de uma "sociologia da comunicação" mais ampla, desde então começa a se constituir um campo interdisciplinar que se afirma sobretudo nos períodos eleitorais. Embora a normalização democrática após 1985, por um lado, e o desenvolvimento acelerado do ambiente acadêmico brasileiro, por outro, tenham contribuído para a eclosão desse ramo do conhecimento, é inegável o impacto que a vitória de Fernando Collor teve para seu surgimento – e também para sua evolução posterior.[1]

Collor foi um caso de manual, uma demonstração quase caricata da midiatização da política e do poder dos meios para moldar uma disputa eleitoral. Político sem expressão, tornou-se, em 1986, governador de um estado desimportante no cenário nacional, no bojo do Plano Cruzado – o PMDB, partido ao qual aderira meses antes, fez 22 dos 23 governadores nas eleições daquele ano, graças ao grande apoio popular ao plano de estabilização econômica. Para viabilizar sua candidatura a presidente, Collor logo se transferiu para um micropartido, o Partido da Juventude, que ele rebatizaria como Partido da Reconstrução Nacional. O PMDB possuía muitos caciques mais poderosos do que ele e, além disso, encontrava-se enfraquecido com a derrocada do Cruzado, dias após as eleições.

Como foi possível que um político de segundo time, governador de um estado periférico, filiado a um partido sem qualquer estrutura, coligado a outros dois igualmente desimportantes, tenha chegado à Presidência da República? Muitos fatores ajudam a explicar o fenômeno, como o desespero dos grupos poderosos para, face ao desgaste das elites políticas tradicionais, encontrar o "anti-Brizula", isto é, o candidato capaz de derrotar a ameaça esquerdista, representada quer pelo ex-exilado Brizola, quer pelo ex-sindicalista Lula. Ou o fato de se tratar de uma eleição solteira, em que o único cargo em disputa era o de presidente, o que reduz significativamente o peso das máquinas partidárias e amplia as chances dos *outsiders*.

Mas ainda assim os meios de comunicação desempenharam um papel-chave. Collor fez uma ofensiva midiática tão logo assumiu o governo de Alagoas, incluindo tanto ações de marketing pessoal quanto contatos que garantiram a simpatia dos controladores dos principais veículos. Criou a persona do "caçador de marajás", que foi difundida por televisões, jornais e revistas. Só a *Veja* deu uma capa ao tema dos "marajás" em agosto de 1987 e outra ao próprio Collor em março de 1988, marcas inéditas (e nunca depois igualadas) para um governador nordestino em começo de mandato, sem falar de mais três em 1989, durante a pré-campanha e a campanha para a presidência. Além disso, Collor colonizou o horário gratuito de propaganda partidária no rádio e na TV de três pequenas legendas, para se fazer conhecido do eleitorado.

Enfim, Collor não teria sido eleito sem o apoio das máquinas partidárias locais e dos grandes financiadores de campanha, mas foi a visibilidade inicialmente obtida na mídia que o tornou atraente para estes. Mais tarde, a mesma *Veja* capitaneou a onda de denúncias que culminariam em seu *impeachment*, em 1992. Ou seja, a trajetória de Collor parecia comprovar que "a imprensa faz e desfaz um presidente" (Lattman-Weltman, Carneiro e Ramos, 1994).

As eleições presidenciais seguintes introduziram um pouco mais de complexidade, mas ainda assim permaneceram dentro do *script*. Em 1994, a promoção do Plano Real e a da candidatura de Fernando Henrique Cardoso andavam juntas – e as inconfidências do então ministro da Fazenda Rubens Ricúpero, afirmando, sem saber que estava sendo transmitido, que a mistura entre campanha eleitoral e plano econômico havia sido "um achado" para a Rede Globo, só confirmaram a centralidade da mídia na indução da decisão do eleitorado. Em 1998, o relativo silêncio da mídia sobre a campanha correspondia à estratégia para a reeleição de seu candidato preferido, novamente Fernando Henrique. Mesmo em 2002, a vitória de Lula foi combinada com sua capitulação ao programa macroeconômico que antes combatia – e os meios desempenharam um papel crucial na imposição deste "consenso".[2]

Mas em 2006 os estudiosos de mídia e política se viram jogados num doloroso universo paralelo, em que os eleitores votavam num candidato que não era o apoiado pelos grandes conglomerados de comunicação. Desde a publicação da entrevista do deputado Roberto Jefferson ao jornal *Folha de S.Paulo*, em 6 de junho de 2005, até o primeiro turno das eleições presidenciais, foram 16 meses ininterruptos de cobertura negativa do governo Lula, focada no escândalo do "mensalão" e em seus desdobramentos. No entanto, Lula obteve 48,6% dos votos válidos no primeiro turno, 60,8% no segundo, reelegendo-se à Presidência da República. Quatro anos depois, a história se repetiria com Dilma Rousseff, que, com 46,9% dos votos válidos no primeiro turno e 56,1% no segundo, foi eleita presidente a despeito do apoio pouco disfarçado dos principais veículos de comunicação a seu adversário, José Serra. Em 2014, a campanha cerrada da mídia também foi incapaz de permitir a reeleição de Dilma, que venceu o primeiro turno com 41,6% e o segundo, com 51,6% dos votos válidos. Os meios de comunicação prosseguiram em sua oposição ao governo, desempenhando papel fundamental na construção do golpe parlamentar de 2016, que derrubou a presidente escolhida pelas urnas. Mas fica claro que seu peso na orientação do voto popular não foi suficiente para evitar a vitória de candidaturas que desejavam derrotar.

Esses resultados colocaram novas questões às pesquisas na área de mídia e política, impondo a reflexão sobre uma série de problemas que estão na base das análises presentes em muitas delas. O descompasso entre as hipóteses de pesquisa e o modo como as disputas se definiram nas eleições recentes pode definir o caráter das indagações nesse campo: por que há uma cisão entre a mídia e as preferências do eleitorado; ou, se preferirmos utilizar um conceito mais desafiador, entre a mídia e a opinião pública.

Mas essa é uma falsa questão, como procuraremos mostrar aqui. Ela é útil apenas por revelar os pressupostos simplificadores que subjazem a grande parte da pesquisa sobre mídia e política ou, de forma mais precisa, sobre a influência dos meios de comunicação nos processos eleitorais. As explicações para o peso da mídia na formação das preferências (ou conformação da opinião pública) são muitas vezes simplificadoras porque:

(1) pressupõem um eleitorado menos heterogêneo do que ele de fato é e processos mais unidimensionais de definição das preferências do que de fato são;

(2) pressupõem "a mídia" como redutível aos principais conglomerados comerciais e tratável como bloco monolítico, e não uma rede complexa em que produção e circulação das informações não se reduzem a uma dinâmica centralizada e controlada; e

(3) pressupõem as relações entre mídia e eleitorado a partir de (1) e (2).

Isso leva a equívocos e simplificações tanto na explicação de por que a mídia tem peso na definição das preferências (ou conformação da opinião pública) quanto na explicação de por que, em outros casos, ela não é determinante.

Começando pelo primeiro ponto, cabe observar que expressões como "o eleitorado" ou "a opinião pública" tendem a apresentar como unidade aquilo que pode, no máximo, ser entendido como o resultado de pressões conflitantes. Usadas por economia de linguagem, acabam por contribuir para a sedimentação de esquemas mentais simplificadores. Em particular, contribuem para que se julgue que as respostas às influências e pressões do ambiente político são uniformes, quando, ao contrário, é crucial entendê-las como profundamente diferenciadas.

A análise do comportamento eleitoral depende do entendimento que se tem de como as preferências dos votantes são produzidas. Se não é possível nem desejável que cada estudo da relação entre mídia e eleições enfrente problemas de base, como a caracterização dos processos de formação das preferências, é sempre necessário estar consciente dos pressupostos que são mobilizados e dão forma às análises.

Um *primeiro pressuposto* que é necessário discutir é o peso conferido à posição social dos eleitores – ou, dito de outra forma, o impacto das clivagens sociais internas ao eleitorado nos processos de definição das preferências e do voto. Trata-se do entendimento de quanto e como classe social, nível educacional, poder de compra, lugar de moradia, sexo, raça, geração, relação com religiões organizadas e outras clivagens contam na definição do voto. Se essas variáveis pesam, pode-se presumir que as mesmas informações despertam graus de atenção e ganham sentidos diferentes para indivíduos diversamente situados. A matéria de que são produzidas as identidades sociais dos indivíduos é, nesse caso, determinante para a maneira como compreendem o que está em jogo nas disputas políticas e consideram as alternativas e informações que lhes são apresentadas.

Até certo ponto, estamos repisando o entendimento de que a recepção é social e ativa. Já Walter Lippmann (1997 [1922]) ressaltava as predisposições e os preconceitos que, resultantes do ambiente social em que os indivíduos estão imersos, definiriam a visão subjetiva das informações disponíveis. John Thompson (2002 [1990]), influente entre os estudiosos brasileiros no campo da comunicação e política, enfoca o impacto dos meios técnicos de comunicação lembrando, em diversos momentos de sua análise, que os discursos que a mídia faz circular são concretamente recebidos, apropriados e reelaborados em contextos particulares.

Não é, portanto, novidade dizer que os indivíduos estão diferentemente atentos e são diferentemente permeáveis às narrativas que compõem o ambiente informacional em que estão inseridos. Mas há uma distância entre a "crença" no caráter ativo da recepção e a incorporação desse fato complexo aos modelos analíticos. Ao analisar o discurso da mídia nos períodos eleitorais, por exemplo, consideramos que ele tem peso na orientação das disputas e, sobretudo, na definição do voto. E é comum que ele seja entendido a partir de uma recepção-padrão ao que, *da perspectiva do analista* (ou do jornalista), é relevante. O comportamento eleitoral é, então, entendido como uma resposta ao "ambiente informacional" em que o próprio analista ou jornalista está situado. E isso não significa apenas que ele fornece sentido ao voto com base no fato de que detém um leque maior de informações – em relação às informações de que dispõe o eleitor –, mas que ele o compreende a partir de valores e enquadramentos que não necessariamente coincidem com aqueles que foram, de fato, mobilizados pelos eleitores na definição das suas preferências e opiniões.

Assim, imputa-se ao voto a expressão de uma opinião que, no entanto, é apenas uma projeção do discurso acadêmico ou jornalístico. Por exemplo, o voto em Lula, expressão do "lulismo", demonstraria despreocupação com a moralidade na gestão do patrimônio público ou vulnerabilidade do eleitor à manipulação por meio de práticas assistencialistas. Trata-se de uma manifestação daquilo que Bourdieu (1997: 64) chama de transfusão da razão raciocinante para a razão razoável. O sentido do voto é o sentido atribuído ao voto a partir da posição e dos interesses de determinados segmentos do eleitorado, no caso os setores bem posicionados no mercado de produção e circulação dos discursos.[3]

As análises podem ressaltar, por exemplo, que eleitores de diferentes estratos socioeconômicos definem seu voto a partir de experiências que são diversas, sem afastar-se desse problema. O fato de que o eleitor receba benefícios de um programa social do governo federal, por exemplo, foi uma variável considerada nas últimas eleições de 2006 a 2014. Permite associar renda, relação com o governo federal e mesmo relativizar, entre os beneficiários, o impacto da cobertura jornalística negativa para o governo ou candidatos governistas. Mas *a razão* e *o sentido* desses votos são explicados a partir de categorias que podem ser estranhas àquelas que estão na base da decisão daquele segmento do eleitorado e/ou que estigmatizam o eleitor, ao considerar ilegítimas suas razões para aderir a um ou outro candidato.

A estigmatização do comportamento político dos segmentos mais pobres da população tem sido comum nas últimas eleições. Foi comum, também, em momentos históricos distintos, como os anos que antecederam o golpe de 1964,[4] permanecendo em visões elitistas da democracia que se acomodam a análises produzidas em vários campos, entre eles a mídia e a academia. A cobertura sobre o Programa Bolsa Família no período eleitoral de 2006 é um exemplo. Nela, são frequentes a associação entre assistencialismo e manipulação e a pressuposição de que os eleitores pobres *são vulneráveis* à manipulação – que, assim definida, permite que o comportamento presumido de um dos agentes (o eleitor) reitere o comportamento presumido de outro (o governo ou o PT). Além disso, os sentidos atribuídos aos interesses dos eleitores diferem se são pobres ou ricos: no primeiro caso, o voto resultaria de manipulação e desconsideraria questões éticas, no segundo, o voto resultaria de uma visão objetiva dos próprios interesses.[5]

Nesse caso, os valores mobilizados pela análise seriam universais, diluindo suas conexões não apenas com perspectivas sociais e interesses específicos, mas com a própria disputa eleitoral. É porque esses valores são apresentados como universais (o zelo pelos recursos públicos, a compreensão de que o Estado está acima dos interesses partidários, o entendimento de que interesses privados não devem moldar a atuação dos homens públicos etc.) que diferenças e antagonismos são apresentados como desvios. A distinção entre comportamento autointeressado e comportamento republicano, por exemplo, ganha matizes diferentes se os interesses são considerados legítimos ou não – a defesa da propriedade, de modo geral, aparece desconectada da noção de autointeresse.

Na definição do sentido do voto, boa parte das análises desconsidera que (1) os eleitores podem dispor de informações *diferentes* daquelas de que dispõem os estudiosos; (2) os eleitores podem mobilizar as informações – coincidentes ou não com aquelas que se espera que pesem na definição do voto – em narrativas que não reproduzem os enquadramentos hegemônicos na grande mídia. Mas, principalmente, as análises deixam de lado a importância que pode ganhar, em disputas específicas, (3) o conflito entre informações e representações antagônicas. Esse terceiro ponto adianta uma questão que será discutida em seguida, a de que a existência de um sistema de mídia em que há grande concentração na propriedade e alto grau de homogeneidade nas práticas jornalísticas de produção das informações é confundida com monopólio estrito sobre a circulação das informações, controle ou, ao menos, prevalência da "grande imprensa" entre as instituições e espaços em que são produzidos os discursos que teriam impacto na decisão dos eleitores.

Queremos ressaltar que a interpelação que está no centro da dinâmica informacional não pode ser *explicada* a partir das informações disponibilizadas pelos meios de comunicação. Isso não significa que essas informações não devam ser caracterizadas e analisadas para entendermos as relações entre a mídia e as disputas eleitorais em um dado momento. O que simplifica a dinâmica de produção das informações – e compromete as conclusões dos pesquisadores – é tomar *as categorias que estão na base do discurso da própria mídia* como fundamento para interpretar *o comportamento eleitoral*. Quando isso se dá, o foco se coloca sobre o maior ou menor ajuste àquelas categorias e não sobre a dinâmica complexa de produção das decisões, em que há uma sobreposição conflituosa de referências, informações e orientações.

O voto em Collor, em 1989, tem sido visto como expressão da influência da mídia sobre o eleitorado. A maior parte das análises procura explicar a opção de setores da elite econômica, incluídos os proprietários de mídia, à candidatura de Collor, e pouco se diz sobre as razões do eleitorado – que teriam sido produzidas por uma combinação de imaturidade política, após 29 anos sem votar para presidente, e orientação hipermidiática da disputa. O voto não aparece como *desvio*, ainda que a conduta do candidato eleito o tenha sido. O comportamento dos eleitores não foi explicado do ponto de vista ético, assim como a adesão da imprensa não foi reconhecida, muito menos apresentada como uma falta ética. Já em 2006, em 2010 e em 2014, o sentido do voto em Lula e Dilma se definiu em um contexto no qual a grande imprensa havia se colocado na ofensiva diante da corrupção no governo. O voto nos candidatos petistas expressaria, assim, a ausência de preocupação da maior parte do eleitorado com os aspectos éticos da política. Nesse caso, o voto teria sido um *desvio* em pelo menos dois sentidos: não sofreu o impacto da cobertura da grande imprensa, de um lado, e de outro revelou uma conduta moral desviante, sobretudo do eleitorado pobre e, em especial, das regiões Norte e Nordeste do país. Pode-se considerar em que medida essa representação do sentido do voto teria um papel, mais tarde, na justificação do afastamento, em 2016, da presidenta reeleita em 2014, Dilma Rousseff: de um lado, foi mobilizado o "voto como desvio"; de outro, a ideia de que o voto foi desinformado por campanhas que encobriram a realidade dos fatos, isto é, "a economia" como fato indisputado.

As preferências e opiniões individuais são, no entanto, efeito de relações sociais complexas, em que os recursos para a definição da opinião e sua expressão variam segundo a posição social objetiva dos indivíduos e excedem a agenda e os enquadramentos midiáticos. Mas o comportamento dos eleitores, por outro lado, não se define à parte dos valores políticos hegemônicos. Os pressupostos presentes nos discursos hegemônicos sobre quais informações *deveriam* ser mobilizadas e quais valores *deveriam* estar na base das motivações dos eleitores não constituem um universo simbólico paralelo àquele em que as decisões são tomadas. Os meios de comunicação podem não determinar o voto, mas atuam dando ênfase a determinadas compreensões da política, definindo fronteiras entre comportamento adequado e inadequado, lapidando consensos. Além disso, os discursos que a "grande imprensa" coloca em circulação podem ser um índice de quais são as compreensões da política que se tornaram hegemônicas no campo mais amplo e heterogêneo da produção ideológica, e não apenas no campo midiático.

Falamos, até aqui, do primeiro pressuposto, que consiste nos entendimentos sobre a produção das preferências dos votantes que estão na base das análises sobre a mídia e a política. O *segundo pressuposto* aponta para questões relacionadas à produção e circulação dos discursos. Consiste no entendimento de quais são os dispositivos de produção ideológica que pesam na definição das preferências e do voto e qual é seu impacto sobre o público. Em outras palavras, o problema aqui é a compreensão, nem sempre explicitada, de como se organiza o campo de produção ideológica e quais seus efeitos na produção da opinião pública. Qual é o peso da mídia – e, em particular, da grande mídia comercial – diante de outras instituições ou espaços a partir dos quais se definem fluxos, menos ou mais controlados e centralizados, de informações, como governos, igrejas ou organizações não governamentais?

A maior parte das pesquisas sobre mídia e eleições no Brasil concentra-se em dois problemas: a definição da agenda da "grande imprensa" (os temas e enquadramentos predominantes nos jornais impressos e telejornais de maior público, durante o período eleitoral) e a adesão dessa mesma mídia a uma ou outra candidatura (a visibilidade dada a temas e enquadramentos e a cobertura positiva ou negativa dos candidatos, partidos políticos e governo). O "ambiente político" acaba sendo definido a partir do comportamento da própria mídia ou, mais especificamente, de segmentos da mídia. Em geral, ficam de fora pelo menos dois aspectos necessários à caracterização do tipo e do grau de influência da mídia: o noticiário cotidiano e seu impacto na definição dos valores políticos dos eleitores, ultrapassando, portanto, a cobertura eleitoral; e os "valores de fundo" que organizam o próprio noticiário, isto é, os discursos valorativos de caráter mais permanente que são o pano de fundo que dá sentido às informações e justificam sua saliência em relação a outras.[6]

Além dessas, interessa-nos uma outra ausência nessas análises, a do contraditório que é parte do fluxo de informações. Nesse aspecto, é comum que se desconsidere que: (1) internamente à grande imprensa, há "camadas" de discursos cujos sentidos não convergem plenamente, apresentando contradições e fissuras; (2) internamente ao campo da mídia, há segmentos diferentes que contribuem para reforçar discursos que podem ser convergentes, apresentar divergências pontuais ou ser de fato antagônicos; e (3) externamente ao campo da mídia, há espaços e instituições que produzem discursos que concorrem com aqueles que os meios de comunicação fazem circular. Nos três casos, além da consideração de que o fluxo comunicativo contém contradições, a análise mais detida desses aspectos, ou sua consideração na elaboração dos problemas de pesquisa, levaria a uma maior atenção ao problema discutido no primeiro pressuposto, o da atenção diferenciada de segmentos distintos do público às informações disponíveis.

Essas instituições (incluídos diferentes tipos de mídia, mas também aquelas que não são propriamente pertencentes ao campo da mídia) colocam em circulação temas que podem definir a agenda das disputas e atuam na delimitação do campo do politicamente pensável. Podemos entendê-las como dispositivos de verdade, no sentido de que participam (convergindo ou divergindo) da definição do "conjunto das regras segundo as quais se distingue o verdadeiro do falso e se atribui ao verdadeiro efeitos específicos de poder" (Foucault, 1995 [1979]: 13). Assim, mais do que a adesão a posições e candidatos, é preciso compreender como se dão a construção e o reforço às próprias categorias e valores que estão na base dos julgamentos. E ela não se origina ou tem efeitos a partir, apenas, dos discursos hegemônicos na grande imprensa.

A compreensão do modo como esses dispositivos atuam é deformada quando se entende que um deles atua sozinho ou é necessariamente determinante das informações (re)produzidas pelos demais. Em boa parte das pesquisas sobre mídia e política, um sistema complexo de meios de comunicação é representado pelas posições de um punhado de grandes veículos. Em suma, as pesquisas podem concentrar-se no *Jornal Nacional* ou em alguns poucos jornais diários de circulação nacional e dos seus posicionamentos desdobrar análises da "mídia". Se há duas décadas, quando essa área de estudos começou a ganhar dimensão no Brasil, isso já era uma simplificação, hoje o peso desses veículos mudou, o campo da mídia no Brasil se tornou mais complexo, a comunicação governamental atua com impacto direto e indireto sobre a própria mídia comercial, os espaços e as redes de produção e circulação de informação se ampliaram.

Mas é o *terceiro pressuposto* anunciado antes que nos permite tratar da relação que as análises presumem que a mídia *deve* (não no sentido de observância a uma norma ética, mas de adequação aos modelos e pressupostos que estão em sua base) ter com a opinião do público. É aqui que vemos que as velhas teorias hipodérmicas, apesar de todas as críticas já recebidas e mobilizadas pelos próprios estudiosos, continuam organizando muitos esquemas mentais. Vem daí o espanto com o fato de que o eleitorado escolha um candidato que recebe a desaprovação expressa da grande mídia.

As críticas à teoria hipodérmica, com o foco nos fluxos horizontais de informação e no peso do ambiente social, não impedem que a relação entre mídia e eleitores apareça como um processo de convencimento – que pode ou não produzir resultados. A ênfase na *reação* dos indivíduos às informações disponíveis sobre a posição de outros indivíduos em seu ambiente (profissional, comunitário etc.) e, em alguns casos, a ênfase na tendência, pressuposta, a acompanhar o maior número, organizam algumas matrizes importantes das análises. Em uma delas, o destaque vai para os formadores de opinião nas comunidades e à dinâmica de reforço das opiniões já compartilhadas pelo grupo (Lazarsfeld, Berelson e Gaudet, 1969 [1944]; Berelson, Lazarsfeld e Mcphee, 1986 [1954]). Outra matriz, que também tem sido influente, ressalta a imposição das opiniões da maioria às minorias, que seria um desdobramento do receio ao isolamento, constituindo a "espiral do silêncio" (Noelle-Neuman, 1995 [1993]) ou as "pressões do conformismo" (Sunstein, 2010 [2009]: 52).

Nessas abordagens, a mídia é avaliada pelo reforço ou pela confrontação a disposições prévias e majoritárias. Atuaria, assim, no sentido de confirmar ou suplantar o "preconceito violento, a apatia e a preferência pelas trivialidades" nos cidadãos (Lippmann, 1997 [1922]: 229). Responderia a interesses preexistentes, confirmando-os, ou permitiria o contato dos indivíduos com aspectos da realidade – especialmente da política – cuja relevância eles não seriam capazes de perceber sem a indicação da própria mídia.

Muitos estudos sobre comportamento político, enfatizem ou não o papel dos meios de comunicação de massa, trabalham com uma percepção estilizada de como são produzidas as decisões políticas. Os indivíduos são vistos como dotados de um conjunto de valores ou preferências, com os quais ingressam na esfera pública. Então, são expostos a um universo de informações – sobre quais são as ofertas no mercado político, por um lado, e, por outro, sobre as questões (*issues*) prementes e as alternativas a elas. Tendo sempre como horizonte os valores e preferências originários, que tendem a ser dados como fixos, o indivíduo analisa o mundo que o cerca, à luz das informações disponíveis, e faz racionalmente sua opção. Todo o processo toma a forma de um silogismo, que pode ser enunciado de forma clara, ainda que não muito elegante, como se segue: uma vez que x (preferência) e dado que y (informação), logo z (decisão). Uma vez que eu priorizo a agenda ambiental e dado que as informações indicam que o candidato Fulano possui os compromissos mais sólidos com a causa ecológica, logo eu voto nele. Esse tipo de raciocínio, ao qual chamamos de "modelo simples de produção da decisão política", pode ser representado pela Figura 1.

Figura 1 – Modelo simples de produção da decisão política.

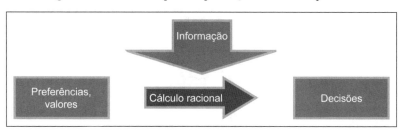

O modelo permite conceder pesos variáveis à influência da mídia, de acordo com a força relativa de "preferências", de "informação" e do "cálculo racional". Assim, num extremo, a narrativa lazarsfeldiana minimiza o centro do gráfico: as preferências (socialmente determinadas) já produzem diretamente escolhas eleitorais, cabendo à informação meramente reativá-las (Lazarsfeld, Berelson e Gaudet, 1969 [1944]: 74-5). No outro extremo, a narrativa schumpeteriana desinfla as preferências (já que os simples eleitores não são capazes de ter vontades efetivas em matéria de política) e elimina o cálculo racional, fazendo a escolha nascer diretamente da informação relevante em contexto de disputa eleitoral, que é o discurso demagógico (Schumpeter, 1984 [1942]: 330). O *mainstream* da ciência política, porém, tende a ocupar posição mais central, com ênfase ora na capacidade dos eleitores para alcançar um cálculo racional eficiente diante das informações disponíveis (Downs, 1957; Sartori, 1994 [1987]), ora no impacto manipulativo dos fluxos de comunicação (Sartori, 1998 [1997]).

Não é nosso objetivo fazer, aqui, uma revisão dos modelos explicativos do voto (ver Mayer [dir.], 1997; Figueiredo, 1991; Lau e Redlawsk, 2006, cap. 1). O ponto a observar é que os estudos de mídia tendem a trabalhar com uma variante do modelo simples, que chamamos de "modelo midiacêntrico de produção da decisão política" (Figura 2). Nele, a mídia é responsável tanto pela disseminação dos valores que conformam a "visão de mundo" do público, de longo prazo, quanto das informações que orientam suas escolhas no curto prazo. A ênfase pode ser dada a um ou outro aspecto, conforme o enfoque assumido.

Figura 2 – Modelo midiacêntrico de produção da decisão política.

[Diagrama: Mídia → Valores, Informação → "Visão de mundo", Procedimentos de decisão → Escolhas]

O discurso da mídia entra, então, como variável explicativa da escolha política. Uma vez que tanto o eleitorado quanto os meios de comunicação são tomados como homogêneos, o modelo midiacêntrico busca identificar para qual direção os meios apontam e em seguida verificar em que medida a transferência das disposições para o público ocorreu eficazmente. A eleição de 1989, em que a preferência da mídia por Collor se traduziu em vitória eleitoral, desponta como um caso "normal". As eleições presidenciais de 2006, 2010 e 2014 são as exceções que exigiriam explicações também excepcionais.

Há aqui um entendimento simplificador da relação que se estabelece entre aqueles que detêm "os instrumentos de produção de problemas e de opiniões legítimas" (Bourdieu, 1979: 464), por sua vez resumidos à mídia, e aqueles que estão na posição de consumidores dos discursos considerados informativos e politicamente legítimos. É claro que a possibilidade de expressar politicamente uma opinião e, ainda, de fazê-la pesar na conformação do ambiente político, depende de instrumentos que não são distribuídos de forma equânime ou casual – a divisão do trabalho político tem como uma de suas facetas a divisão social entre produtores e consumidores do discurso político. Mas, numa sociedade diversificada – numa sociedade "ocidental", nos termos de Gramsci –, os fluxos comunicativos e os espaços de decodificação das mensagens devem ser entendidos como arenas de conflito, nas quais há hegemonias, mas não monopólios.

A notória falência desses três pressupostos tem levado a diferentes respostas nos estudos de mídia e política. Uma delas é uma espécie de fuga para a frente, em que a aposta é estabelecer um quadro teórico e metodológico ainda mais rígido, que tem como um dos seus efeitos negar realidade ao que não está dentro dos limites do modelo analítico proposto. São, em alguns casos, modelos quantitativos simplificadores, que reduzem a complexidade dos processos político-midiáticos a algumas variáveis, a fim de estabelecer correlações matemáticas que "provariam" uma coisa ou outra, mas, com isso, afastam-se de sua compreensão efetiva. A explicação para o comportamento eleitoral pode, assim, estar em uma correlação entre a exposição estimada à mídia e o voto na oposição em 2006 (Mundim, 2010), em um modelo monocausal que vai da avaliação de um debate eleitoral à decisão do voto (Lourenço, 2010) ou mesmo na construção de uma equação que, devidamente alimentada, seria capaz de prognosticar a escolha do eleitorado (Eisenberg e Vale, 2009) – e estes são apenas alguns exemplos extremos (cf. capítulo seguinte).

Propomos aqui que os estudos sobre comunicação e política caminhem na direção oposta. Não se trata de isolar um punhado de variáveis, de preferência quantificáveis, e tentar forçar a realidade para dentro de algum modelo que só reconheça a elas. É necessário, como buscamos demonstrar agora, recuperar a complexidade na produção das escolhas políticas.

Isso não significa que é necessário tomar toda a complexidade do processo de formação das preferências ou do modo de atuação dos meios de comunicação nas mãos em cada análise, ou mesmo em cada hipótese que as pesquisas tornam explícita. Mas sim que os pressupostos que orientam normativamente os passos que damos para tornar o mundo empírico explicável ganhem em complexidade. Caso contrário, podemos chegar a conclusões que são retoricamente fortes, mas têm como ponto de partida ficções. E isso não é banal: com elas, podemos colaborar para que um mundo complexo seja visto de alguns prismas, e não de outros, fazendo parte das disputas ideológicas.[7] É possível, no entanto, que colaboremos pouco para explicá-lo.

Uma das dificuldades parece ser considerar os efeitos da mídia de um modo que permita ultrapassar a alternativa entre comportamentos que correspondem ao discurso midiático e comportamentos que não correspondem. A ideia de que esse é o caminho para avaliar o impacto dos meios de comunicação – e, de modo mais geral, da atuação política da mídia em um dado contexto – esbarra em uma série de problemas, alguns deles indicados na seção anterior. Uma primeira ressalva é que não há um "momento" preciso em que a mídia entre no circuito. Não há um agente isento de exposição à mídia, com valores e comportamento incontaminados, que num momento posterior sofrerá essa influência.

A tendência a pensar esse processo como reação a informações disponíveis pode omitir o fato de que os meios de comunicação atuam, cumulativamente e a partir de diversos tipos de conteúdo, na própria definição daquilo que é interessante para os indivíduos. A atenção seletiva não é produto de um ambiente social anterior ou independente da presença da mídia. Os valores mobilizados para avaliar comportamentos e situações são produtos de uma sociedade midiatizada – ainda que um dos termos não contenha o outro. Isso não significa que as preferências e interesses *resultem* da mídia ou de discursos midiáticos específicos. E quando não resultam (de acordo com o recorte definido para avaliar a correspondência entre comportamento político e mídia), isso não significa que os meios de comunicação tenham deixado de participar do processo de produção das preferências e interesses.

Os meios de comunicação são centrais às disputas pela produção das representações legítimas do mundo social. Isso não está sendo negado. Mas o sentido dessa afirmação é justamente que eles atuam em um ambiente em que há representações divergentes e conflitivas, e não apenas complementares. Há diferenças de foco e de enfoque internamente à "grande imprensa", internamente ao campo da mídia e, em especial, no ambiente social mais amplo, levando-se em conta que a mídia não detém o monopólio da produção das representações do mundo social. Em outras palavras, a construção dos discursos hegemônicos se dá em um ambiente de disputas. A criação de consensos só se coloca como um problema político porque há interesses divergentes *e* que ganham expressões políticas divergentes. O poder de agenda da mídia, a concentração da propriedade de mídia e a prevalência de perspectivas e interesses específicos no discurso midiático não esgotam o âmbito em que as disputas simbólicas se travam.

Para que essa compreensão deixe de ser apenas um enunciado teórico ou retórico e passe a povoar, de fato, os pressupostos que orientam as pesquisas de mídia e política, é preciso, em primeiro lugar, romper com a visão de uma esfera pública unificada, entendendo que existem múltiplos circuitos e que esses circuitos não são estanques, mas são diferenciados.[8] Podemos definir o problema, para esta discussão, da seguinte forma:

(1) A esfera pública não é homogênea: há valores diferentes, e divergentes, organizando a compreensão que públicos distintos têm do ambiente social mais amplo e do seu ambiente próximo. A compreensão da identidade de indivíduos e grupos sociais, assim como a compreensão da sua posição nas relações de poder, é constituída por esses valores e não está, portanto, contida na perspectiva social hegemônica. A sobreposição entre a posição dos meios de comunicação empresariais de grande público e as perspectivas socialmente hegemônicas, própria da organização do mercado de mídia numa economia capitalista, é relevante, mas não significa que as perspectivas hegemônicas se imponham aos públicos igualmente e não significa, também, que os meios de comunicação sejam, interna e externamente, homogêneos.

(2) A esfera pública é desigualmente constituída: os públicos têm posições distintas e hierarquizadas. Os recursos, materiais e simbólicos, para a produção e difusão das representações sociais estão desigualmente distribuídos – e o

acesso aos meios de comunicação é um fator importante nessa desigualdade. A distinção entre produtores e consumidores de informação é um de seus aspectos. A compreensão da identidade de indivíduos e grupos sociais, assim como a compreensão da sua posição nas relações de poder, depende da legitimidade que valores e interesses divergentes terão. E, fechando o ciclo (numa tautologia que é socialmente estabelecida), a legitimidade desses valores e interesses, por sua vez, depende da posição social dos públicos e dos recursos disponíveis a cada um.

(3) A esfera pública é um espaço de disputas: a existência de públicos plurais e distintos não se acomoda em diferenças complementares. E as desigualdades não apagam os valores e interesses que têm menor visibilidade e legitimidade. As relações de poder implicam hierarquias, mas não o apagamento das posições hierarquicamente inferiores. A produção dos discursos hegemônicos e a manutenção de posições vantajosas para alguns grupos sociais se dão por meio da produção de consensos provisórios e localizados, que não esgotam os conflitos sociais. E não se trata, apenas, da oposição entre dominantes e dominados, mas das diferenciações entre os grupos que *dispõem* de recursos e posições de poder em um dado contexto. Os meios de comunicação estão no centro dessas disputas porque são recursos (desigualmente distribuídos, como se disse anteriormente) para a construção de consensos, a acomodação dos conflitos, a reprodução da dominação, mas também para a promoção de discursos antagônicos ou marginais.

A existência de diferentes públicos, com a potencial produção e adesão a representações sociais antagônicas, não quer dizer que estejam em pé de igualdade com os públicos e discursos dominantes. Além da diferença nas posições de poder (acesso a recursos e espaços), a expressão de uns pode, facilmente, tomar vulto de interesses politicamente legítimos, enquanto a de outros pode não passar de uma projeção fraca da expressão política da diferença e da divergência.

O problema vai além da ausência de pluralidade, uma vez que nas democracias liberais contemporâneas ela é organizada em posições hierarquicamente desiguais. As desigualdades permanecem, portanto, como um desafio mesmo quando há públicos plurais. Um grau razoável de pluralidade interna e externa dos meios de comunicação, no sentido definido por Hallin e Mancini (2004), pode coexistir com uma "opinião pública" ao mesmo tempo autônoma – em relação ao Estado – e restritiva – em relação às múltiplas posições e perspectivas sociais que *poderiam* ganhar expressão como interesses políticos legítimos. Um dos pontos, aqui, é o fato de que grupos sociais com posições desigualmente vantajosas desenvolvem "estilos culturais desigualmente valorizados". Sua expressão é marginalizada por pressões cotidianas e institucionais (Fraser, 1992: 120), entre as quais se encontram as pressões da mídia.

Além do fato de que os públicos têm recursos desiguais para fazer valer seus "estilos" e opiniões, não são todas as opiniões que serão transmutadas em decisões, ou mesmo alcançarão as esferas em que as decisões são tomadas. Em outras palavras, o fato de que se tenha públicos plurais, capazes de produzir representações alternativas e reconhecer, com base nelas, interesses divergentes, não implica que sejam igualmente capazes de transformar esses interesses em ações políticas com impacto sobre as regras que regem a vida social. Isso corresponde, de modo aproximado, à diferença entre "públicos fracos" e "públicos fortes" em Nancy Fraser (1992: 134), que destaca as barreiras entre sociedade civil, arenas deliberativas e arenas decisórias nas sociedades liberais contemporâneas. Ou, em outras palavras, entre a opinião e a tomada de decisões.

A partir dessa distinção, pode-se retornar ao problema da produção das opiniões para pensar na relação entre "públicos fracos" e "públicos fortes" ainda nesse âmbito. Há um *continuum* entre, de um lado, "públicos fortes" e a potencialidade de transformar opiniões em decisões e, de outro, "públicos fracos" e a distância entre a expressão da opinião e seu impacto em arenas decisórias. Entre essas pontas, há matizes que são importantes para a nossa discussão.

As diferenças de recursos não estão presentes apenas na difusão da opinião, mas na sua produção, como foi dito anteriormente. O processo de produção das opiniões, das preferências e dos interesses não é individual, mas remete às posições em uma coletividade, em redes desiguais que se estabelecem em contextos sociais concretos. Assim, "as preferências não são fixas e estáveis, mas se adaptam a uma ampla gama de fatores – incluindo o contexto em que a preferência é expressa, as regras legais existentes, escolhas passadas de consumo e a cultura em geral" (Sunstein, 1991: 5). E essas posições correspondem a graus diferentes de autonomia nesse processo. O fato de que os meios de comunicação de massa difundam representações sociais mais afins com os interesses de alguns grupos, e não de outros, tem impacto sobre o processo mais amplo de formação das preferências. Os valores associados aos grupos em vantagem nesse processo são apresentados como adequados e "socialmente" valorizados – isto é, valorizados por toda a sociedade, em um processo no qual a *manifestação de julgamentos* a partir de determinadas posições na sociedade se realiza, ganhando o status de julgamentos *socialmente compartilhados*.

A presença de visões antagônicas nos meios de comunicação, assim como a existência de espaços alternativos de produção e difusão de informações – como veículos locais; jornais, rádios e TVs comunitárias; blogs e outros espaços e recursos permitidos pela internet; publicações de igrejas, instituições educativas e ONGs –, que podem ser utilizados por grupos sociais marginalizados, não significa que exista capacidade igual de influência sobre a agenda mais abrangente ou a agenda de outros públicos. Por outro lado, esses veículos não constituem cadeias de informação paralelas ou estanques àquelas que a "grande imprensa" faz valer.

O campo da mídia tem centros e margens. Nele, há hierarquias entre os veículos informativos. Eles abrangem públicos menos ou mais amplos, correspondem em graus diversos aos critérios vigentes da qualidade jornalística e obtêm menor ou maior credibilidade diante de públicos que estão, também eles, em posições desiguais. Mas o fato de que podem corresponder a diferentes públicos, e influenciar públicos também específicos, faz com que seja preciso matizar a relação entre centro e periferia, ou ao menos observar que ela não é estanque. Blogs ou formas de comunicação alternativas à empresarial (a comunicação governamental é o principal exemplo) não detêm, no campo da mídia, a mesma posição de um telejornal como o *Jornal Nacional*, da Rede Globo, líder de público no horário "nobre", ou de um jornal como a *Folha de S.Paulo*, mas podem ter impacto maior ou mais efetivo sobre determinados públicos e ter um papel relevante não apenas na produção das preferências nas eleições, mas na saliência de problemas na agenda dos debates, na organização política de grupos específicos.

As diferenças na abrangência e nos segmentos de público, e mesmo as diferenças nas abordagens entre veículos e formas de comunicação, não impedem que existam influências recíprocas, reafirmando o peso da grande imprensa na definição da agenda e na conformação dos enquadramentos predominantes. Do mesmo modo, a apresentação das informações de acordo com os cânones ético-profissionais do jornalismo permite que ganhem o status de informações objetivas, distinguindo-as das formas de comunicação reconhecidas como "autointeressadas" e rendendo credibilidade. A agenda de um grupo específico e sua promoção por veículos marginais no campo pode não surtir efeito sobre o ambiente político construído a partir das posições dominantes (no campo da produção intelectual, em sentido mais amplo, assim como na mídia e na política). Isso não significa que sua existência e sua relevância possam ser simplesmente descartadas. Seria preciso avaliar, em diferentes contextos, qual é o peso relativo dos públicos, e das instâncias e dispositivos de produção e circulação de discursos aos quais efetivamente recorrem, na conformação das preferências *de diferentes segmentos do público* para, então, compreender seu impacto na conformação da esfera pública, nos debates que nela se travam e, de modo mais específico, no voto.

Para que essa ruptura com uma concepção unificada da esfera pública esteja presente nos estudos de mídia e política, é preciso, portanto, levar em conta que "a mídia" é formada por veículos de diversos tipos e que a concentração da propriedade não se traduz em um controle completo sobre o fluxo comunicativo. A mídia não é um conjunto homogêneo e centralizado. Se há representações uniformes e convergentes da realidade social, há também ruídos, fissuras e representações antagônicas.

"A mídia" contém instâncias de produção de sentido que não se resumem à grande imprensa. Há pelo menos outros quatro subcampos que parecem atuar permanentemente, ainda que com pesos e alcance diferenciados, na construção dos consensos e na definição do ambiente político: a comunicação governamental, a mídia local, as novas mídias, propiciadas sobretudo pela internet, e as formas de ativação de redes tradicionais, como as igrejas e o sindicalismo. Instâncias que estabelecem relações complexas com a grande mídia, com os discursos político-eleitorais e também entre si.

O rótulo "comunicação governamental" ou, para sermos mais exatos, "comunicação pública de Estado" (Weber, 2010) compreende uma multiplicidade de discursos, em primeiro lugar porque provêm de diferentes fontes. São os três poderes constitucionais, nas instâncias federal, estadual e municipal, por sua vez também divididas em diversos braços com alguma autonomia na comunicação com o público – secretarias, ministérios, agências, fundações, autarquias, tribunais. Além disso, as formas de comunicação são múltiplas. A publicidade veiculada na mídia comercial é apenas a ponta mais visível de uma estrutura que inclui impressos dirigidos aos usuários dos serviços públicos, canais públicos de rádio e televisão, portais de internet, presença em redes sociais, agências de notícias, *banners* e *outdoors* etc. A cartografia desta comunicação apenas começou a ser realizada, no trabalho pioneiro de Maria Helena Weber (2010).[9]

O polo mais importante da comunicação de Estado é evidentemente a Presidência da República, cuja política subordina – ainda que nem sempre com total êxito – os outros órgãos do poder executivo federal. No governo Lula, a Presidência aprimorou de forma significativa seus mecanismos de comunicação, em especial aqueles que prescindem da intermediação dos grandes conglomerados de imprensa. Uma iniciativa particularmente importante foi a disponibilização de material pronto para utilização pelos veículos de comunicação do interior, na forma de texto, áudio e mesmo vídeo, nos portais do governo. Com isso, numa só tacada, a pauta e os enquadramentos do governo ganharam espaço e reduziu-se a influência dos órgãos centrais de mídia, que antes eram praticamente os únicos responsáveis por alimentar os pequenos veículos com notícias de fora do âmbito local, muitas vezes por meio da famosa *gilette press* (a leitura, nas emissoras de rádio, de recortes dos jornais).

A mídia local engloba, no Brasil, dezenas de milhares de pequenas publicações e emissoras, quase sempre desprezadas pela pesquisa acadêmica (por razões práticas mais do que compreensíveis). Embora cada veículo atinja um público reduzido, em conjunto sua penetração é muito significativa. Como são menos visíveis e também como em geral operam em ambiente de baixa competição, tendem a agir com mais liberdade nos períodos eleitorais, apoiando candidatos de forma mais ostensiva e respeitando menos do que na grande imprensa os rituais da objetividade jornalística. Os elos com essa grande imprensa – e, como visto, com a comunicação governamental – também são diversificados.

No que se refere à mídia local, o governo Lula também fez diferença. A verba publicitária foi pulverizada. Ela era atribuída a 499 veículos, de 182 municípios, no final do segundo mandato de Fernando Henrique Cardoso. Ao longo do governo Lula, passou a ser distribuída entre 8.094 veículos (jornais, revistas, rádio, TV, sites e blogs), de quase 3 mil diferentes municípios (Rodrigues, 2010). Para os críticos, o governo estaria comprando o apoio de milhares de pequenos jornais e emissoras. Embora pequena para os padrões da União, a verba publicitária representaria, para cada um deles, um aporte financeiro considerável – que eles não se arriscariam a perder com uma cobertura adversa ao anunciante. Ao contrário das grandes empresas, não teriam peso e influência para garantir simultaneamente a manutenção da publicidade governamental e a independência jornalística.

Já para os defensores da medida, seu principal efeito é o oposto. A sustentação financeira aos pequenos veículos garantiria o pluralismo na mídia brasileira, não apenas impedindo seu fechamento ou absorção por empresas maiores como também propiciando recursos para sua maior profissionalização. Seja como for, o novo padrão de distribuição da verba publicitária do governo federal gerou uma mídia local mais forte – se não diante do governo, ao menos diante dos veículos de comunicação centrais.

Uma proporção elevada dos veículos que recebem verba do governo federal está baseada na internet,[10] o que por si só é um dado relevante. O potencial das novas tecnologias, como instrumentos de participação política e de democratização da comunicação, ainda é tema para muitas polêmicas.[11] Não há dúvida, porém, que há a presença de novas redes comunicativas, que fazem circular uma pluralidade de discursos alternativos sobre as disputas políticas. Esses discursos muitas vezes ecoam e retrabalham aqueles emanados dos centros da vida política ou do noticiário da grande imprensa, mas há aí espaço para mudanças de ênfase ou de abordagem. Três casos, todos extraídos da campanha presidencial de 2010, permitem discutir a influência da internet nas campanhas eleitorais.

Primeiro caso: insatisfeitos com o tom, que julgavam excessivamente cordato, da propaganda de José Serra na TV, seus aliados do partido Democratas veicularam na internet um conjunto de vídeos em tom agressivo contra a candidata adversária, Dilma Rousseff. Além da divulgação na própria internet, por meio dos apoiadores do partido que veiculavam os links em suas listas e páginas em redes sociais, os vídeos obtiveram repercussão na mídia convencional, o que seguramente ampliou o número de internautas que os procuraram. O episódio demonstrou que há, por parte dos comandos de campanha, uma capacidade relativamente reduzida de controle sobre os discursos que circulam na arena eleitoral. As estratégias de campanha não se resumem àquelas oficialmente adotadas e atores com posições pouco destacadas ou mesmo marginais na campanha podem, por meio da internet, amplificar seus discursos para além da própria rede.

Segundo caso: a partir do final da campanha para o primeiro turno, o PSDB apostou na exploração do tema do aborto, acusando o PT de ser favorável à sua legalização. A revelação de que a mulher do candidato Serra já teria praticado um aborto voluntário, postada na página pessoal de uma ex-aluna sua em uma rede social, obrigou que o partido recuasse, abandonando parcialmente essa estratégia. Mais uma vez, há um passo inicial (postagem no Facebook), amplificado por iniciativa de outros internautas e, sobretudo, pela repercussão na mídia convencional. O que torna notável o episódio é que, aparentemente, a divulgação da informação na página pessoal teve o caráter de um desabafo, sem intenção de chegar aos jornais. O episódio evidenciou que o controle sobre a agenda e a imagem pública dos candidatos se tornou ainda mais disputado e vulnerável a fluxos divergentes de informação. No caso, a opção pelas vantagens do agendamento de uma temática levou a uma exposição da mesma temática sob prismas desvantajosos, sem necessariamente alterar o enquadramento de base, a condenação moral ao aborto.

Terceiro caso: o candidato José Serra alegou, em meio à campanha do segundo turno, ter sido agredido por militantes petistas; a campanha de Rousseff afirmou que ele foi atingido apenas por uma bolinha de papel. A polêmica tomou conta da propaganda eleitoral, do noticiário e também da internet. As múltiplas versões alternativas que circularam na rede reduziram o peso do laudo pró-Serra apresentado pelo "perito" Ricardo Molina em pleno *Jornal Nacional*, da Rede Globo, dando aos apoiadores de Rousseff argumentos para se colocarem no debate. Este é, talvez, um dos efeitos mais importantes dos novos meios. Se uma das funções da mídia é fornecer um repertório de argumentos que permite a quem defende aquela posição se tornar mais ativo no debate com pessoas próximas, como diz Noelle-Neuman (1995 [1993]: 226), a internet pode eventualmente ser um recurso para promover as vozes minoritárias no debate, contrapondo-se à grande imprensa.

Em todos os casos, há uma relação complexa entre os conteúdos que circulam de forma pulverizada pelos novos meios – que não são indistintos entre si, uma vez que há uma hierarquia que começa nos grandes portais e nos blogs de jornalistas famosos e termina nas páginas de usuários anônimos –, os discursos partidários oficiais e o noticiário da grande mídia. O primeiro impacto se dá na construção do ambiente informacional dos próprios jornalistas, o que já denuncia a continuidade da posição central da mídia convencional.[12] Mas a internet estabelece novos circuitos de difusão de informação, que têm sido utilizados de forma menos ou mais criativa, menos ou mais eficaz, por diferentes agentes políticos, alguns deles à margem de outros processos e atalhos para tomar parte da discussão pública. Sua influência é crescente, sobretudo (mas não só) nos segmentos jovens, urbanos e escolarizados e, embora não tenhamos nos aproximado um único milímetro das fantasias da informação livre e descentralizada (Lévy, 1998 [1994]; Ludlow [ed.], 2001; Saco, 2002), trata-se de uma instância que já não pode ser ignorada.

A internet tornou-se também uma ferramenta que agiliza a ativação de redes tradicionais de comunicação e influência política. Tais redes, no entanto, existem a despeito dela e retiram sua força de outras formas de vínculo. O caso das igrejas permite observar como é difícil determinar o que é "mídia" na rede de discursos com impacto público. Católicos e protestantes detêm concessões de rádio e televisão, apresentando programação religiosa, orientada por valores religiosos e/ou marcada por sua posição ideológica. Também possuem sua mídia interna (de publicações voltadas ao público eclesiástico a boletins paroquiais). Por outro lado, as declarações de seus principais líderes ecoam na mídia comercial. Mas grande parte da sua influência provém do contato direto entre sacerdotes e fiéis ou dos sermões pronunciados durante os cultos – que, tecnicamente, são formas de comunicação não mediadas. O conteúdo desses discursos, porém, é alimentado pelas diferentes comunicações mediadas que informam a esses sacerdotes as posições e prioridades das cúpulas de suas igrejas.

Na eleição presidencial de 2010, a importância das igrejas se fez sentir. A campanha contra o PT e a candidata Rousseff, por seu pretenso apoio ao direito ao aborto e ao casamento *gay*, começou nelas, antes de chegar ao noticiário e ao discurso dos candidatos. A agenda das eleições foi, em vários momentos, delineando-se como reação a posições e discursos que não ganharam forma, inicialmente, na grande imprensa. Muitas caracterizações, julgamentos e acusações foram divulgados dentro das igrejas, dentro de ônibus urbanos ou por meio de panfletos distribuídos nas ruas. Parte delas ecoou, a partir desses espaços ou simultaneamente à sua circulação nesses espaços, em e-mails, blogs, sites de notícia, veículos convencionais e também na propaganda dos candidatos. Além disso, despertaram diferentes reações internamente às alianças e à organização das campanhas, explicitando conflitos e estratégias nem sempre unificadas, como foi mencionado anteriormente.

Mas o ponto principal para essa discussão é que os fluxos foram variados. Houve, em diferentes momentos, esforços por parte dos candidatos para amplificar esses discursos ou para reduzi-los. Temas e discursos impuseram-se a partir de espaços relativamente marginais ao complexo jornalismo-campanhas-Estado, ou, em outras palavras, às formas reguladas do contato entre o mundo jornalístico e o da política. A "grande imprensa" respondeu a uma agenda imprevista, assim como atuou no sentido de dar forma a ela, definindo suas margens, promovendo alguns enquadramentos e vozes em detrimento de outros. Trabalhou, também, no sentido de estabelecer consensos, aproximando-se em graus variados da agenda conservadora dos grupos religiosos.

É difícil mensurar o efeito da tematização do aborto e das posições assumidas pelas igrejas no resultado das eleições – aliás, toda a argumentação desenvolvida neste artigo busca demonstrar a complexidade da decisão eleitoral, opondo-se à ideia de que é possível realizar um cálculo mecânico de efeitos –, mas certamente foram beneficiados os candidatos mais conservadores, isto é, José Serra e Marina Silva.[13] E há dificuldades, também, para a análise de como se deu a interação entre os diferentes agentes e discursos, na concorrência pela definição da agenda e do ambiente político em que as disputas ganharam sentido. Eliminar ou menosprezar variáveis pode tornar essa realidade mais domesticada dentro dos limites de cada análise, mas não serve para explicar, por exemplo, quais foram os pesos relativos dos diferentes atores diante de públicos determinados – e qual foi, numa visada mais ampla, o significado da opção por um ou outro candidato em diferentes localidades e segmentos do eleitorado.

Qualquer análise da relação entre mídia e política deve partir da compreensão de que o ambiente em que as preferências políticas são produzidas é multifacetado. Grande imprensa, discurso político-partidário, comunicação dos agentes do Estado, mídia local, novas tecnologias, redes discursivas tradicionais: todas essas instâncias estabelecem relações complexas entre si. Não é possível determinar *a priori* o peso de cada uma, já que suas posições mudam de acordo com as conjunturas e, além disso, diferentes segmentos do público são diferentemente suscetíveis a cada uma delas.

Mais que isso, é um ambiente constituído por disputas e antagonismos. Os discursos tomam forma a partir de lugares, instituições e agentes hierarquicamente posicionados no acesso a recursos para produção e difusão das informações. E essas hierarquias não dizem respeito apenas ao acesso aos recursos materiais, mas ao fato de que a legitimidade social das informações não é sempre idêntica – os públicos reconhecem diferentemente a competência discursiva e a "isenção" dos agentes na produção das informações. Mas o fato de que essas hierarquias existam não corresponde a um apagamento dos agentes que estão em posições marginais ou da possibilidade de que suas experiências tomem a forma de interesses que colocam em questão os discursos hegemônicos.

O acúmulo das reflexões teóricas e dos estudos sobre a mídia e o comportamento eleitoral permite avançar para uma conclusão pouco confortável: o peso dos diferentes agentes no campo da produção ideológica e dos discursos que fazem circular não é plenamente regulado ou previsível, ainda que se dê destaque – como procuramos dar – às desigualdades no acesso a recursos. O ponto aqui é que as hierarquias entre os produtores de discurso não são estáveis e não podem ser assim compreendidas quando se tem como preocupação o efeito produzido pelos diferentes veículos e processos de comunicação na formação das preferências dos indivíduos. E isso se dá por pelo menos três razões: o público é diverso e, portanto, seu acesso a informações e sua possibilidade de compartilhar os critérios que atribuem relevância às informações diferem; a mídia é diversa (externa e mesmo internamente) e os diferentes segmentos de público estabelecem relações também diversas com os veículos de mídia, podendo contornar, parcial ou momentaneamente, as hierarquias "objetivas" entre os veículos; há fluxo comunicativo entre os diferentes lugares em que a produção e a recepção se dão, e esse fluxo não é algo que atenda a um modelo simples de difusão centro-periferia.

No contexto brasileiro, essa complexidade vem se ampliando. De 1989 até hoje, quase 30 anos se passaram. Muita coisa mudou. O cenário político-partidário se rearranjou, com a pulverização inicial sendo substituída pela polarização entre PSDB e PT, a paulatina transformação do PT num partido centrista e a consequente fixação de um figurino direitista para o PSDB. Mais recentemente, há uma severa crise de ambos os partidos, que parece apontar para uma nova reconfiguração. O mercado de mídia também mudou, com a redução da hegemonia da Rede Globo. As camadas com maior poder aquisitivo hoje têm acesso à TV por assinatura e uma parcela ainda maior da população faz uso da internet. O eleitorado se mostra mais crítico, ou mesmo mais cético, diante tanto das potencialidades do processo eleitoral – que deixou de ser visto como o momento da "grande mudança" – quanto dos discursos dos candidatos. Com tantas e tão profundas mudanças, seria espantoso se a influência da mídia sobre as eleições permanecesse inalterada. Ao mesmo tempo, a crise política que se torna aguda a partir de 2015 tem os meios de comunicação empresariais como atores centrais, enquanto expõe os efeitos – limitados – da internet na organização política de movimentos e manifestações da sociedade civil.

A mídia de grande público se mantém em posição central nas disputas pela construção simbólica do mundo social e pela definição das preferências. E essa centralidade corresponde a uma potência: a de fazer ver e atribuir relevância a aspectos do mundo social que se tornam visíveis atrelados a julgamentos e posições. Mas trata-se de uma potência que se realiza necessitando ser claramente definida em cada situação. Seus efeitos tomam forma ao longo do tempo, o que nos afasta da ideia de que é possível avaliar seu peso na produção das preferências como efeito mecânico direto. A construção de consensos e a definição dos limites das disputas podem estar em curso, com importante participação das empresas de comunicação e da "grande imprensa", mesmo quando o candidato da mídia não é o mais votado. E seus efeitos se definem na interação com outros agentes, atendendo a graus variáveis de conflito.

Como se trata de uma interação *conflituosa*, não é possível imaginar que as mensagens simplesmente se somam ou se complementam. Elas competem ativamente, mobilizando seus recursos diferenciados, e são apropriadas, também de forma diferenciada, pelos diferentes grupos sociais em disputa. À luz disso, fica claro que o campo das pesquisas sobre as relações entre a mídia e a política, e, nele, especialmente as pesquisas sobre o impacto da mídia na produção das preferências, avança com análises historicamente situadas e perde em complexidade com modelos abstratos de aplicação pretensamente universal. Em suma, que é hora de retomar o velho caráter *compreensivo* que singulariza a ciência social.

NOTAS

[1] Ver Rubim e Azevedo (1998).
[2] Seria possível elencar aqui uma vasta bibliografia. Para sinalizar que esta análise tem também um caráter de autocrítica, citamos apenas Miguel (1999a).
[3] As análises centradas na "valência" do material jornalístico, por exemplo, exigem dois pressupostos para que seus resultados tenham relevância: (1) que a atribuição do caráter "positivo", "negativo" ou "neutro" a uma reportagem pelo pesquisador seria compartilhada pelos jornalistas, pelos agentes políticos envolvidos e por todos os segmentos do público; e (2) que seja possível estimar *a priori* o impacto do noticiário positivo ou negativo no público, mais uma vez visto como indistinto. Esses pressupostos comprometem mais a utilidade do uso da valência do que os problemas de operacionalização, vinculados à dificuldade de mensurar seja o peso

das diferentes matérias, seja seu grau de "positividade" ou "negatividade". Para uma descrição da metodologia do Doxa (Laboratório de Estudos Eleitorais, em Comunicação Política e Opinião Pública, criado em 1996 e hoje vinculado à UFRJ), principal fonte dos estudos de valência no Brasil, ver Aldé, Mendes e Figueiredo (2007). Para uma crítica consubstanciada, cf. Miguel (2015).

[4] A esse respeito, conferir a análise dos debates na imprensa entre 1955 e 1960 em Biroli (2005).

[5] Esse entendimento está presente no noticiário dos principais jornais diários de circulação nacional durante o período eleitoral de 2006, quando o Bolsa Família aparece como a motivação, ilegítima, para o votos dos eleitores pobres em Lula (cf. Biroli e Mantovani, 2010).

[6] O conceito de "cenário de representação da política" (CR-P), que foi utilizado nos anos 1990 a partir da elaboração de Venício A. de Lima (1994, 1995, 1996), tinha o mérito de reconhecer que as escolhas eleitorais começam a ser construídas muito antes do início das campanhas, já que pesam não apenas informações factuais, mas valores que vão orientar a interpretação do mundo pelos votantes. No entanto, o CR-P fixava arbitrariamente um período de 12 meses antes da eleição como relevante para o entendimento das opções eleitorais, concedia à mídia (e, dentro dela, aos programas de maior audiência) um poder absoluto na conformação das representações do mundo social e se baseava num referencial teórico confuso, que combinava, sem maiores problemas, tradições antagônicas como "imaginário" (na versão de Baczko), "cultura política" (Almond e Verba) e "hegemonia" (Gramsci).

[7] É comum, por exemplo, que órgãos da imprensa, por vezes com indisfarçada orientação ideológica ou mesmo partidária, aproveitem resultados de pesquisas acadêmicas que, descontextualizados, servem para exaltar a "imparcialidade" de seu noticiário em comparação com os concorrentes. É o que ocorre a cada eleição, por exemplo, com os dados do Doxa.

[8] Essa discussão parte da crítica de Nancy Fraser (1992) ao conceito de esfera pública em Habermas, sem permanecer fiel ao foco e aos argumentos da autora. É fundamental o entendimento de que a ausência de impedimentos formais à participação e à expressão não é capaz de suspender as desigualdades sociais efetivas. A suspensão favorece os grupos dominantes, entre outras coisas, porque impede a tematização das desigualdades e apresenta seus valores como universais. Cf., em especial, o item 3, "Open Access, Participatory Parity and Social Equality"; para discussões afins, cf. também Young (1990), especialmente o capítulo 4, e Miguel e Biroli (2011).

[9] Para um mapeamento detalhado do funcionamento da mídia da Câmara dos Deputados, cf. Brum (2010).

[10] Os dados disponibilizados pelo governo ainda incluem portais, sites e blogs na categoria "outros", ao lado de propaganda em cinema, *outdoors* ou *banners*. "Outros" responde por 31% dos veículos de comunicação que receberam publicidade do governo federal em 2010 – eram 2,2% ao final do governo Fernando Henrique Cardoso.

[11] Para uma ampla resenha, ver Gomes (2008b).

[12] Embora os líderes políticos gostem de ostentar os números inflados de seus "seguidores" no Twitter, o miniblog é usado por eles, sobretudo, como uma ferramenta que facilita o contato com os profissionais de imprensa.

[13] O Datafolha "mediu" o impacto, concluindo que 3% dos eleitores deixaram de votar em Rousseff por conta do escândalo de corrupção na Casa Civil e outros 1% por causa da campanha contrária das igrejas. Por outro lado, os escândalos deram a ela 2% do eleitorado, que passaram a votar nela *por causa* das denúncias de corrupção. O resultado líquido dos escândalos e do antiabortismo seria, assim, idêntico. O resultado bizarro reflete o método tacanho – os entrevistados declaravam a mudança de voto e informavam o motivo (Canzian, 2010).

JORNALISMO, CONFLITO E OBJETIVIDADE

Flávia Biroli e Luis Felipe Miguel

O valor da "objetividade" confere legitimidade ao jornalismo, diferenciando-o de outros discursos e práticas sociais. Em torno dele, organizam-se a ética que define o jornalismo como profissão e as práticas rotineiras que estabelecem as diferenças entre o bom e o mau jornalismo. Para o público, o registro competente da verdade pelos jornalistas depende de sua capacidade de tomar contato com a realidade sem os vieses que a falta de conhecimento apropriado, de um lado, e o interesse e a parcialidade, de outro, imporiam à ampla maioria dos indivíduos.

No mundo moderno, o ideal da objetividade corresponde, *grosso modo*, à valorização do acesso a uma verdade que estaria contida na realidade exterior e que seria independente dos processos cognitivos. No jornalismo, ele impõe, em primeiro lugar, um compromisso com a busca por esta verdade, que é de cada profissional e que é reforçado pelo controle mútuo e pelos códigos da deontologia jornalística. Também para o público, o bom jornalismo é aquele que sustenta esse compromisso, fornecendo informações confiáveis. Mas os obstáculos à objetividade não residem apenas na tentação – sempre presente – do falseamento deliberado dos fatos em benefício próprio. Sua outra face, mais insidiosa, são as condições concretas de construção da notícia, nas quais os relatos são indissociáveis da posição social dos jornalistas. O viés deixa, assim, de ser uma contingência.

É porque o envolvimento parcial com a realidade é inevitável que as técnicas que tornariam a objetividade possível correspondem a estratégias ou marcas de distanciamento. A objetividade envolve a valorização de práticas e habilidades que permitiriam que o acesso à realidade não fosse maculado pelos intermediários que o tornam possível. O reconhecimento de que os profissionais têm competência distinta para acessar – e esclarecer – a realidade exterior sobrepõe-se à desvalorização da singularidade e da posição social específica desses mesmos indivíduos.

A valorização do discurso científico, sobretudo nas formas que assume a partir do século XIX, é fortemente marcada pela divisão entre iniciados e leigos, sendo os primeiros aqueles que adquirem domínio sobre os procedimentos, normas e saberes que garantiriam a produção de discursos verdadeiros. Mas a neutralidade desses sujeitos é uma exigência para que seu discurso seja fiel à realidade, e só a ela. Em outras palavras, a objetividade exige a neutralização ou suspensão do sujeito para que a verdade se apresente.

No jornalismo, a conexão entre verdade e suspensão da perspectiva social do sujeito assume formas específicas. A partir das décadas iniciais do século XX, o preceito da objetividade se tornou central à cultura jornalística, constituindo a identidade dos jornalistas como profissionais e as formas de normatização e controle de suas práticas. Em geral, a fixação do ideal da objetividade tal como hoje entendido é creditada ao desenvolvimento da imprensa nos Estados Unidos – sobretudo à emergência do jornalismo comercial, sustentado por publicidade, e à introdução de inovações como o telégrafo e a fotografia, que ampliavam a possibilidade do fornecimento de "fatos" ao público e o colocavam diante de informações tidas como fragmentos incontestáveis do mundo real. As mudanças tecnológicas contribuíram para a fixação de um conjunto de normas com força moral, que conferia identidade a esse grupo ocupacional. Inovações técnicas, que proporcionam novas possibilidades de exercício profissional, e parâmetros normativos, que privilegiam algumas destas possibilidades, se realimentam. Como desdobramento desse processo, o ideal da objetividade teria firmado uma relação mais estreita com o jornalismo estadunidense do que com as práticas jornalísticas em outros lugares do mundo (Schudson, 2001).

Em relação à América do Sul, é conhecida a análise de Silvio Waisbord, que entrevistou jornalistas de diversos países e concluiu que, mesmo com a incorporação das inovações tecnológicas que teriam propiciado o triunfo da norma nos Estados Unidos e com o desenvolvimento de uma imprensa voltada ao mercado, persistia no subcontinente um amplo "ceticismo sobre a objetividade como *o* princípio basilar do jornalismo" (Waisbord, 2000: 124). No entanto, há diferença entre um discurso cético *abstrato* sobre a objetividade, efeito da disseminação de uma crítica acadêmica, e o papel concedido a ela nos esquemas efetivos de valoração da atividade profissional, internamente ao campo, e de legitimação dessa atividade diante do público. Ainda que existam diferenças entre as práticas jornalísticas de diferentes locais, o ideal da objetividade firmou-se como um valor central pelo mundo afora.

Analistas que se debruçaram sobre uma controvérsia concreta, em que personalidades da imprensa mobilizaram argumentos em defesa de sua prática e expressaram os critérios de hierarquização das reputações, sugeriram que "a objetividade tem um papel mais importante, ao menos entre os jornalistas brasileiros, do que aquele reconhecido por Waisbord" (Albuquerque e Soares, 2004: 158). Os primeiros manuais e compêndios de normas sistematizados no Brasil, nas décadas de 1930 a 1950, apresentam a objetividade como um ideal que, ao mesmo tempo, disciplina, controla e confere legitimidade às práticas jornalísticas. A fidelidade aos fatos seria a marca do jornalista moderno e deveria orientar a reorganização das práticas jornalísticas, propiciada pelas inovações tecnológicas e pela produção da notícia em escalas industriais. A padronização das rotinas e a diferenciação entre os profissionais do jornalismo e aqueles que foram, a partir de então, vistos como literatos ou militantes políticos foram fortemente orientadas pelo ideal da objetividade, que teria impacto para a definição das normas vigentes no campo décadas depois (Biroli, 2007).

Os registros são variados, mas mesmo quando existe uma percepção de que a anulação do jornalista é impossível e indesejável, como no *Manual de redação e estilo* d'*O Estado de S. Paulo*, permanece a exigência de que os textos sejam "imparciais e objetivos", não expondo opiniões, mas fatos (OESP, 1990: 18). Por vezes, o termo *objetividade* é descartado, mas fica mantida a oposição entre fatos e opiniões, como ilustram as palavras do jornalista Mino Carta: "Jornalismo é uma coisa séria, tem que ser praticado com seriedade. E seriedade não quer dizer objetividade, e sim honestidade. Ser honesto significa, antes de mais nada, respeitar a verdade factual com devoção canina" (Abreu, Lattman-Weltman e Rocha, 2003: 208).

Trata-se de um movimento central no entendimento do valor da objetividade após a crítica que demonstrou que o ideal, em toda sua extensão, é irrealizável. Se não é possível apagar a posição do narrador, que interfere no narrado com suas (inevitáveis) escolhas e ênfases, ao menos são banidos os julgamentos e restam, no discurso do jornalismo, nada além de fatos. Mesmo resultando de um processo de seleção, os fatos corresponderiam ainda assim àqueles fragmentos indiscutíveis da realidade, não contaminados por opiniões, sempre controversas e duvidosas, além de parciais e possivelmente autointeressadas.

A adesão ao ideal da objetividade não é, portanto, impermeável às críticas aos limites desse ideal. Mas, assimilada a crítica, a separação entre opinião e fato permanece como elemento crucial para a avaliação do "bom jornalismo". O jornalismo pode não mais sustentar que aquilo que ele apresenta a seu público é *a* realidade – mas garante que, ao menos, é *realidade*. De resto, o reconhecimento de que outros recortes da realidade são possíveis é inócuo, já que, dado seu poder de agenda, bem como a dependência cognitiva do público, o jornalismo tem curso social como espelho do mundo real e os próprios profissionais tendem a encarar suas escolhas como "óbvias". Outros recortes são possíveis, mas aquele que o jornalismo apresenta é o que tem mais força, dada a capacidade de amplificação dos meios de comunicação social, e maior legitimidade potencial, dado o reconhecimento da capacidade que os jornalistas teriam de selecionar o que seria relevante e digno de relato entre os tantos acontecimentos que compõem o cotidiano nas sociedades. Trata-se justamente de uma legitimidade externa ancorada no valor da objetividade, algo que será discutido mais adiante.

Como ideal compartilhado, a objetividade se materializa também em orientações práticas que permitiriam rotinizar o trabalho, tipificando situações e eventos inesperados. Em seu estudo hoje clássico, Gaye Tuchman descreveu o que chamou de "rituais" da objetividade jornalística. Partindo da compreensão de que o valor da "objetividade" está no coração da legitimidade das práticas da imprensa, ela observou como, diante dos imperativos da produção industrial das notícias, a busca por um resultado tão exigente – colar o discurso no mundo real externo de tal forma que a intermediação do emissor fosse anulada ou suspensa – foi substituída por uma série de procedimentos padronizados (ouvir os dois lados, usar criteriosamente as citações etc.) (Tuchman, 1972). Os procedimentos relatados por Tuchman não representam uma "traição" ao ideal da objetividade, que seria então substituído por um simulacro, mas sua adaptação aos imperativos da produção industrial da notícia.

A discussão realizada neste capítulo não se prende, no entanto, à constatação da importância do ideal da objetividade para a deontologia desse campo profissional, para a definição do discurso e das rotinas jornalísticas. Entendemos a objetividade como um dispositivo que tem papel central na legitimação de discursos hegemônicos no jornalismo, na apresentação de julgamentos como fragmentos de realidade transpostos para o noticiário. O discurso jornalístico naturaliza um código de avaliação dos fenômenos que reporta. É o processo de "objetivação de padrões morais" (Ettema e Glasser, 1998: 71; ênfase retirada). Os discursos que organizam as categorias por meio das quais a realidade é apreendida e significada não aparecem enquanto tal, isto é, constituem pressupostos naturalizados sobre os quais um outro discurso, o do noticiário cotidiano, se constrói. Os primeiros ativam consensos previamente estabelecidos que permitem, por exemplo, que o caráter transgressor de determinados comportamentos seja tratado como "fato" inquestionável e desprovido de ambiguidades.[1] A condenação não se faz em nome de algum valor moral, mobilizado para julgar aquela situação – e que poderia ser objeto de análise e contestação; ela é apresentada como uma constatação empírica. O noticiário é verdadeiro, nesse sentido, em sua correspondência a concepções previamente cristalizadas. Os pressupostos sobre os quais o noticiário se constrói não são tematizados.

A sobreposição da objetividade à imparcialidade faz com que ganhem relevância simultaneamente, como ideais, a correspondência a uma realidade externa e sua apreensão de um ponto de vista não situado socialmente, que não contém perspectivas, simpatias, interesses. A parcialidade levaria a enviesar ou ocultar a verdade. A objetividade *enquanto* universalidade sustentaria um julgamento que corresponde à verdade de uma situação (Boudana, 2010).

Por isso, definimos a imparcialidade como uma sorte de universalismo (ver "Introdução"). A fantasia de uma perspectiva não situada socialmente, isto é, que transcendente os conflitos sociais, é recorrente – do funcionalismo como "classe universal" em Hegel aos intelectuais mediadores de Karl Mannheim ou à "posição original" de John Rawls. O jornalismo a incorpora, de maneira tácita, em suas práticas. Ele se apresenta como capaz de determinar quais são as preocupações centrais da sociedade num determinado momento e quais as contribuições relevantes ao debate sobre elas. A capacidade de tomar tais decisões "objetivamente" implica se colocar num ponto de vista que sobrevoa os interesses parciais em conflito. Idealmente, o jornalismo vocalizaria uma verdade autônoma em relação às disputas e conflitos.

A imparcialidade não é, portanto, a equidistância entre os lados, mas a capacidade de se apresentar como ocupando a posição do universal. E a neutralidade não é a ausência de valores, mas a naturalização de um padrão de valores que se transmuta de julgamento em fato.[2] Na qualidade de vinculação da narrativa ao mundo real, a objetividade é balizada por estes dois ideais complementares, que sustentam as pretensões de escolha não enviesada dos fatos a serem reportados e de narrativa isenta e factual. O grau de adesão a esse conjunto de ideais determina a respeitabilidade dos órgãos e dos profissionais de imprensa, interna ao campo, e a credibilidade de suas informações, externa a ele.

Diante da importância atribuída à objetividade, é de se questionar como práticas jornalísticas que aparentemente se afastam dela de forma tão marcada permanecem influentes e respeitadas. No Brasil, o caso que mais chama a atenção é o de *Veja*, a revista semanal de informação da Editora Abril. Circulando desde 1968, hoje com uma tiragem anunciada superior a um milhão de exemplares, é uma das publicações mais influentes do país.[3] A elite política está atenta a ela, que é indicada como lida por 65% dos deputados federais, um percentual menor do que em pesquisas anteriores, mas ainda muito superior ao de suas concorrentes (FSB, 2016: 24). As classes médias, de onde brotam os chamados "formadores de opinião", têm em *Veja* uma de suas fontes mais importantes de informação. A passagem por sua redação foi vista nas décadas recentes como uma experiência que valoriza o currículo profissional.

No entanto, *Veja* adota um estilo de jornalismo que rompe ostensivamente com os cânones da objetividade. Sua adjetivação é agressiva, suas antipatias são explícitas, sua predileção por determinados temas da agenda é indisfarçada – características que se acentuaram nos últimos anos. As personagens de suas matérias são tratadas com pesos e medidas bem diferenciados, conforme a posição que possuem. Os muitos adversários da revista não se cansam de denunciar o "antijornalismo" que ela adota, muitas vezes apresentando evidências de contaminação do noticiário por interesses políticos, comerciais ou mesmo desavenças pessoais.[4] Mesmo assim, *Veja* permanece numa das posições centrais da imprensa brasileira.

Este "enigma" é o ponto de partida deste capítulo. Para tentar decifrá-lo, precisamos entender como a relação entre jornalismo e objetividade se produz.

A compreensão do jornalismo como um conjunto de procedimentos capaz de produzir um espelho fiel à realidade "externa" já foi objeto de muitas críticas e pode ser vista como uma posição ingênua. A objetividade se mantém, no entanto, como um valor que permite avaliar as práticas jornalísticas e o desempenho dos profissionais. Além disso, a correspondência entre o produto jornalístico e os procedimentos e marcas textuais que funcionam como índices de objetividade é um dos pilares de sustentação da confiabilidade de um veículo. É como um ideal, e não como uma realidade de fato, que a objetividade orientaria as práticas jornalísticas. Mas esse ideal organiza concretamente as relações e valores internos ao campo, assim como sua legitimidade externa.

A objetividade pode ser, assim, entendida como um valor que referencia a prática jornalística profissional contemporânea, constituindo as clivagens entre o bom jornalismo e o jornalismo ruim (Carpentier e Trioen, 2010). Como ideologia ocupacional (Deuze, 2005), ponto nodal dos valores e da identidade dos jornalistas (Carpentier, 2005), seria fundamental para avaliar a competência e o apego a normas éticas compartilhadas dos profissionais, garantindo a legitimidade de suas práticas diante do público e balizando a defesa de procedimentos e referenciais éticos que orientam a rotina de produção e definem a identidade dos profissionais diante das pressões dos proprietários das empresas, de suas fontes ou do Estado. O fato de que esse valor seja mobilizado de formas variadas e esteja relacionado a procedimentos e estratégias heterogêneas não parece reduzir seu peso na avaliação das práticas cotidianas e da competência e rigor ético dos profissionais (Boudana, 2010).

A objetividade cumpre, assim, uma função estratégica na conquista de autonomia para o campo jornalístico. Um campo é um "microcosmo" dotado de "seu próprio *nomos*", como afirma Bourdieu (2005 [1995]: 33). Ao tomar o lugar desse *nomos*, tornando-se o "código moral" do jornalismo, nas palavras de Michael Schudson (2003: 84), a objetividade contribui para proteger o campo de interferências externas. É o primeiro valor que se mobiliza para garantir a independência das redações em relação aos interesses comerciais – a "muralha da China" que deve existir entre aqueles que fornecem as informações e aqueles que vendem espaço na mídia. É a bandeira que os profissionais erguem para se defender das pressões ligadas aos interesses políticos ou econômicos dos patrões. É o sustentáculo da legitimidade construída diante do público consumidor de informações (Gans, 2004 [1979]: 186).

A noção de objetividade permanece, também, como um recurso para avaliar se o jornalismo "cumpre seu papel" em sociedades orientadas pelos valores liberais. O entendimento de que a imprensa atua como instituição política, tomando para si funções de governo (Cook, 2005 [1998]), assim como sua caracterização em diferentes momentos históricos como um "quarto poder", pressupõe o vínculo entre atuação política e autonomia. Seu poder depende do "poder da objetividade" que corresponde, por sua vez, à exclusão explícita dos valores, ignorando as implicações da cobertura e colocando em suspenso os pontos de vista dos próprios jornalistas (Cook, 2005 [1998]: 90). A imprensa está a serviço dos cidadãos e ocupa legitimamente a função de expor os abusos do poder quando age de maneira autônoma em relação aos interesses existentes e às pressões da autoridade política constituída e é, portanto, capaz de fornecer informações objetivas. Estas não se confundem nem com os interesses de governos, partidos e outras instituições políticas nem com o autointeresse de empresas e dos próprios jornalistas. O jornalismo fiel ao público e à democracia é um espelho fiel da realidade.

É esse o entendimento que baliza, por exemplo, as avaliações realizadas pelos "observatórios de imprensa" ou pelos *ombudsmen* dos jornais. O funcionamento do jornalismo – e sua contribuição para a democracia – é avaliado por seu grau de aproximação com o ideal da objetividade, isto é, pelo desvio ou cumprimento de uma norma compartilhada que pressupõe que o bom jornalismo corresponde à difusão de informações verdadeiras.[5] Faz parte desse registro a distinção entre jornalismo factual e jornalismo opinativo, ou entre conteúdo factual e opinativo dentro dos mesmos veículos. Mesmo quando se afasta das posições mais ingênuas, a distinção entre o factual e o opinativo atualiza um dos pilares do ideal da objetividade, o entendimento de que é possível ou normativamente desejável produzir informações que estariam desvinculadas das opiniões ou perspectivas sociais dos jornalistas.

É preciso, nesse sentido, distinguir entre a crítica que denuncia a falta de objetividade (como um desvio, considerando que o jornalismo não só deveria, mas poderia ser objetivo de fato), a crítica que se ancora no valor da objetividade, mas entende que é impossível cumpri-lo (a objetividade é mantida como valor de referência, mesmo sendo impossível atingi-la), e a crítica que entende que o jornalismo *não deve* ser objetivo, isto é, que a objetividade não é um ideal normativo adequado. A separação entre jornalismo factual e jornalismo opinativo parece situar-se no segundo desses registros. Deglutida a crítica ao jornalismo como espelho fiel da realidade, sustenta que existe uma verdade não perspectiva que deve ser o ideal almejado pelo jornalismo.

Essas análises, no entanto, voltam-se para o que pode ser considerado um segundo nível de construção dos discursos. É nesse nível que os rituais da objetividade se materializam em procedimentos como o recurso equilibrado às fontes, permitindo que "os dois lados" da notícia se pronunciem, a ausência de adjetivação e a utilização de aspas (Tuchman, 1972), demarcando a heterogeneidade entre o autor e as fontes de informação (Authier-Revuz, 1990). Quando a análise se volta para esse nível, concentra-se no que é contingente nos discursos. São considerados os textos que surgem e são substituídos por outros rapidamente, em uma dinâmica rotineira em que as enunciações se sucedem, deixando de lado sua relação necessária com discursos que têm maior permanência e que estão em sua base (como na noção de comentário em Foucault, 1996 [1971]: 22-6).

Os discursos factuais atualizam, rotineiramente, discursos valorativos. E esses últimos estão na base dos procedimentos de seleção e destaque de que são feitos os primeiros. Antes de serem assumidos pelo noticiário, implícita ou explicitamente, os valores são parte da própria definição do que é notícia (Gans, 2004 [1979]: 41). Mas o ponto central para essa discussão é que o noticiário é organizado por valores e preconceitos a partir dos quais os fatos ganham saliência e transformam-se em notícias, inseridos em narrativas causais. Dizendo de outra forma, as informações fazem sentido *se e apenas se* têm como pano de fundo discursos mais permanentes, valorativos. A colaboração entre jornalistas e fontes tem, assim, uma faceta menos explícita, a do acordo tácito quanto aos valores e aos limites da política. Os atores políticos antecipam o que é capaz de atrair os jornalistas, enquanto estes últimos antecipam as reações das suas fontes às histórias noticiadas, em uma dinâmica que ressalta a colaboração entre o jornalismo e a política e favorece determinadas abordagens (Cook, 2005 [1998]: 91).

Os fatos ganham sentido em um complexo "sistema de diferenças" (Manin, 1997: 227), no qual algumas imagens, representações e valores ganham destaque em relação a outros. Mas o texto jornalístico, ancorado no ideal da objetividade e na valorização de uma posição imparcial, nega que "o significado de cada termo seja o resultado da coexistência de vários termos distintos uns dos outros" (Manin, 1997: 227). Bernard Manin recorre a essa imagem, inspirada na explicação saussuriana do funcionamento dos sistemas linguísticos, para definir as campanhas eleitorais como processos opositivos, nos quais diversas imagens chocam-se umas com as outras, definindo as identidades dos atores em disputa.

É possível traçar um paralelo com a produção do noticiário. A seleção dos fatos, com sua disposição em narrativas específicas, é sempre alternativa, isto é, realiza-se em detrimento de outros fatos e narrativas possíveis. A seleção dos fatos jornalísticos (desdobramentos de eventos, atores e enunciados que lhes dão "carne") consiste na saliência de alguns em relação a outros. E essa saliência é, por sua vez, ancorada na força que alguns discursos valorativos adquiriram, socialmente, em relação a outros. O efeito de realidade produzido pela correção e adequação dos procedimentos de captura e produção da notícia apaga o fato de que ela toma forma em um contexto de disputas e sobreposições entre complexos distintos de valor, cristalizados em discursos. Nesse sentido, a verdade pode ser entendida como o resultado de um "trabalho moral" que forja um consenso, permitindo que os julgamentos apareçam como fatos (Ettema e Glasser, 1998: 62).

Condizentes com essa percepção, os depoimentos de jornalistas estadunidenses colhidos por Herbert Gans incorporam com frequência a ideia de que os profissionais do jornalismo seriam capazes de colocar-se acima dos conflitos sociais e políticos. Acima, mas não fora deles. A proximidade não participante, o testemunho sem tomada de partido é que conferem valor ao relato do jornalista. As imagens do "observador intocável" e do "estranho invisível" (Schorr apud Gans, 2004 [1979]: 185) são parte do *ethos* da profissão.

No Brasil, a normatização da profissão e os entendimentos sobre o papel do jornalista a partir da década de 1940 destacaram a relação entre disponibilidade, testemunho diferenciado e distanciamento. Definições presentes nos primeiros compêndios normativos e nos depoimentos de jornalistas que participaram das transformações da imprensa brasileira em meados do século XX teriam eco nas décadas posteriores, fornecendo referenciais para a identificação e valorização dos jornalistas (Biroli, 2007). Imagem frequente nesses discursos, o jornalista *full time* reúne disponibilidade e observação diferenciada. Foi definido pelo jornalista Alberto Dines como um "servidor público" que, atento, "ensina a sociedade a pensar", sem fornecer "juízo feito", "pré-juízos ou pré-conceitos". A imprensa, por sua vez, cumpre seu papel, segundo Dines, quando é equilibrada e politizada (no sentido de ter visões abrangentes sobre a política) sem ser o "reflexo de uma posição política" ou partidária (Abreu, Lattman-Weltman e Rocha, 2003: 156).

Suspensas suas posições políticas – e também o que é especifico de sua posição social – e guiando-se por critérios profissionais de relevância, o jornalista seria capaz de produzir informações objetivas e imparciais. O fato de que não correspondam à realidade, mas a *uma* realidade, como dito anteriormente, não impede que essas informações sejam assim definidas. A objetividade e a imparcialidade são, nesse caso, o oposto ao viés e à expressão de posições, mesmo não correspondendo à expressão de *toda a* realidade. O noticiário resulta de escolhas, mas estas remetem ao ambiente profissional, com seus imperativos, e não ao indivíduo com suas inclinações (Gans, 2004 [1979]: 203). A adesão aos critérios jornalísticos para a seleção e construção da notícia, por outro lado, não precisa ser sofisticada do ponto de vista técnico. A formação técnica não é condição necessária para o domínio dos critérios que definem os valores-notícia e os padrões aceitos para o texto jornalístico em um dado contexto. O profissionalismo corresponde, nesta análise, sobretudo ao compartilhamento de valores, normas e rotinas, assim como à participação em hierarquias específicas. Corresponde, ainda, ao reconhecimento de uma competência profissional diferenciada pelos pares *e* pelos leigos, independentemente de ter sido produzida pelo acesso ao conhecimento formalizado, transmitido pelas faculdades de jornalismo, ou pelo cotidiano de trabalho.

A objetividade está na base dessa distinção entre profissionais e leigos no campo jornalístico. Os padrões e rituais que denotam o cumprimento desse ideal normativo sustentam a credibilidade do jornalismo diante do público. Pode-se dizer que isso se dá porque jornalistas e público compartilham a compreensão de que o bom jornalismo, aquele que merece crédito, é objetivo e imparcial. Quando são vistos como objetivos, isto é, capazes de fornecer informações verdadeiras a partir das quais o público formaria seu julgamento, os jornalistas estão protegidos da desconfiança quanto aos critérios mobilizados para a construção da notícia (Gans, 2004 [1979]: 186). A defesa da objetividade funciona, também, como um modo de isolar a atividade jornalística da influência de interesses que, pela via do poder político ou do poder econômico, tentariam subjugá-la. Mas isso não significa que os jornalistas se coloquem, idealmente, em uma posição "desinteressada". Eles seriam, diferentemente, capazes de vocalizar o interesse da totalidade, acima dos interesses parciais. É algo que estava presente já no início do século xx, no pensamento de Walter Lippmann, seguramente o autor singular que mais impacto teve na formulação da ideologia do jornalismo estadunidense. Ele combinava uma defesa do jornalismo "objetivo" com a ideia de que era tarefa dos jornalistas contribuir para "fazer os negócios públicos andarem melhor" (Lippmann, 1997 [1922]: 251).

Em outras palavras, os observadores intocáveis seriam também intocados, isto é, libertos do autointeresse e da parcialidade que caracteriza os atores políticos e os cidadãos comuns que formam seu público. Isso não os levaria a pensar da posição de *ninguém*, mas da posição de *todos*, produzida a partir do acesso privilegiado à totalidade. Entre os jornalistas, a objetividade significaria, ao mesmo tempo, a possibilidade de colocar-se acima dos conflitos sociais e políticos e a presunção de que seus valores são universais e dominantes (Gans, 2004 [1979]: 185-6). O afastamento da própria individualidade e das perspectivas e crenças que a definem não levaria à ausência de valores, mas à mobilização de valores tidos como universais e, como tal, justos. Os valores que estão na base da seleção e compreensão dos fatos seriam os valores *do público*. E não seriam, portanto, objeto de conflito ou disputa. A objetividade é, portanto, efeito de duas ficções simultâneas: a suspensão do jornalista como indivíduo socialmente posicionado e a transformação do público em coletivo moral homogêneo.

Valores dominantes e duradouros estão na base dos critérios de relevância assumidos pelos jornalistas. Consistem, como se disse antes, no primeiro nível de construção dos discursos. O segundo nível, no qual se encontram as marcas discursivas dos procedimentos e rituais que garantiriam a objetividade, deve seu sentido àquele. É por isso que seu caráter valorativo não entra em conflito com a objetividade. Pelo contrário, torna-a possível (Gans, 2004 [1979]: 196-7). Assumidos como reflexos de julgamentos exteriores e compartilhados pelo público, os julgamentos presentes no noticiário representam concepções que se impõem como consensuais. Nessa dinâmica, o discurso jornalístico é validado por um senso comum que ele mesmo colabora para formatar. E é, em última instância, legitimado pelas relações de poder com as quais ele colabora para naturalizar.

Nos espaços caracterizados como opinativos, os julgamentos explicitados refletiriam aqueles já sustentados pelo público (Gans, 2004 [1979]: 198). Esse argumento silencia sobre o fato de que os jornalistas e os meios de comunicação têm um papel na conformação do ambiente político e dos valores compartilhados pelo público. Sem inflar a importância da mídia na construção simbólica do mundo social, sua especificidade em relação a outras instituições que participam dessa construção estaria justamente no fato de que confere um "certificado de importância legítima" àquilo que noticia e a quem faz parte do noticiário (Schudson, 2003: 33). Outro aspecto silenciado nesse argumento é o poder das fontes e das hierarquias vigentes em outros campos sociais, que são respaldadas pelo jornalismo.[6] A acomodação do jornalismo às estruturas de poder resulta, simultaneamente, de estruturas organizacionais e tradições culturais específicas, que constituem a "etiqueta da profissão" (Schudson, 2003: 13), e da capacidade diferenciada que os atores externos à redação têm para se impor e tomar parte na rotina jornalística (Gans, 2004; Cook 2005 [1998]). A complementaridade entre essas duas dinâmicas tem peso na definição de quais serão os valores sustentados pelo jornalismo objetivo.

Mas, assim como os julgamentos se transmutam em fatos, no jornalismo a pluralidade e a heterogeneidade social se transformam na oposição entre valores legítimos e atores (ou comportamentos) desviantes. O sentido da objetividade não se restringe à correspondência entre fatos e realidade externa. Inclui, também, a correspondência entre fatos e julgamentos que expressam valores supostamente universais. O engajamento dos jornalistas com *esses valores*, isto é, com os valores assim reconhecidos, não entra em confronto com o ideal da objetividade. Por isso, podem alegar que confrontam as realidades do vício e da virtude sem recorrer a um senso moral próprio, transformando conhecimento social objetivo em discurso (Ettema e Glasser, 1998: 7). O julgamento jornalístico, e não o julgamento moral, mediaria a relação dos jornalistas com a realidade social. Com isso, seriam capazes de transformar "apelos morais em apelos empíricos de modo que os padrões de julgamento utilizados para avaliar a transgressão sejam vistos como tão empiricamente isentos de ambiguidades quanto as evidências utilizadas para documentar sua existência" (Ettema e Glasser, 1998: 71). Nessa lógica, "a ordem moral é transformada em fato e o fato pode ser reportado com distanciamento" (Ettema e Glasser, 1998: 71).

A objetividade resultaria, assim, de acordos quanto aos valores que constituem as premissas dos julgamentos, e não da suspensão desses julgamentos (Ettema e Glasser, 1998: 61). Denúncias, acusações e a vilanização de atores e instituições contribuem para que os acordos sejam reafirmados sem que seja necessário defendê-los de um modo que exponha seu conflito com valores diferentes daqueles que estão na base do noticiário.

A noção de acordo aqui utilizada remete ao funcionamento concreto da mídia, à posição social que os jornalistas de fato ocupam e ao perfil de seu público. A aceitação de um ponto de vista como universal está fundada em uma relação específica entre jornalistas e público. Dotado do diferencial da competência técnica e da ética profissional que o credenciariam para relatar fidedignamente a realidade, o jornalista dilui-se, no entanto, na universalidade que o colocaria numa posição de compartilhamento do mundo com seus leitores, ouvintes ou espectadores.

Há ainda, nessa relação, as representações que os jornalistas fazem de seu público, em grande medida compartilhadas em seu ambiente profissional. Em alguns casos, a similaridade entre a posição socioeconômica dos jornalistas e do seu público permite o compartilhamento de perspectivas e interesses – no Brasil, essa similaridade pode ser considerada, por exemplo, na análise das revistas semanais de informação.

Por outro lado, a dependência cognitiva do público em relação à mídia leva a compreensões comuns, entre público e jornalistas, do que é relevante em um dado momento e contexto, de quais são as clivagens que permitem entender as disputas e de quem são os atores que se destacam. Nesse aspecto, as posições socioeconômicas não parecem ser adequadas para a construção de hipóteses sobre a conformação de um senso comum compartilhado. A centralidade da televisão para a sociabilidade contemporânea, por exemplo, desdobra-se num repertório comum que, embora ressignificado pelos receptores, pode sobrepor-se à heterogeneidade das experiências dos indivíduos e às diferenças estruturais entre os grupos sociais.

Assim, o jornalismo objetivo e imparcial mobiliza valores que, de modo geral, não são reconhecidos como tal. Mas quando os julgamentos emergem e são assim caracterizados, são apresentados como o reflexo de valores compartilhados. É em nome da "decência", por exemplo, que as acusações são dirigidas aos funcionários ou políticos corruptos. É em nome do "bom senso" que o desperdício de recursos é exposto.

Nesse quadro, a avaliação do papel do jornalismo na conformação dos valores hegemônicos varia. A ênfase pode estar nos atores políticos e econômicos poderosos, que teriam suas posições e interesses legitimados e reforçados pelo jornalismo. Nesse caso, a análise das visões de mundo que se impõem destaca o papel das fontes e das hierarquias fora das redações (Gans, 2004). Pode estar, também, na relação entre cultura jornalística e cultura política, que forjariam em conjunto valores duradouros. Nesse caso, a complementaridade vem do fato de as práticas jornalísticas serem o produto de um ambiente social específico (Schudson, 2003). A ênfase pode recair, ainda, sobre os próprios jornalistas, ressaltando sua atuação no sentido de forjar os consensos. Aqui, destaca-se o "trabalho moral" realizado pelos jornalistas, especialmente por se entender que o consenso que está na base dos julgamentos por eles mobilizados não é, em momento algum, estável ou completo (Ettema e Glasser, 1998: 62).

A especificidade da mídia, dentre outras instituições, pode ser entendida, como se disse antes, como a capacidade de legitimar determinadas representações da realidade social. Quando consideramos que não existe *um* discurso hegemônico estável e estruturado de maneira permanente, o trabalho cotidiano dos jornalistas é o de lapidar consensos. Isso pode corresponder à acomodação dos conflitos entre segmentos (ou classes) sociais diferentes em representações do "bem comum" – ou seja, à sua organização em uma gramática moral comum que neutraliza os conflitos. E o jornalismo pode, também, e concomitantemente, assumir o papel de árbitro nas disputas entre as elites políticas. Nesse caso, o trabalho consistiria em atribuir significados ao comportamento dos atores e ao funcionamento das instituições, colando a eles julgamentos que exibem, diante do público, seu grau de adequação às práticas que seriam incontestavelmente adequadas e aos valores tidos como universais.

Fica claro que o ideal da objetividade e a afirmação dos valores morais não são excludentes. Pelo contrário, sua reciprocidade é necessária para a legitimação simultânea das práticas jornalísticas e de julgamentos que derivam de um ambiente social específico. Mas o jornalismo não funciona como um espelho ou uma lente refratora. Ele colabora, ativamente, para a conformação dos valores e perspectivas socialmente hegemônicos.

As formas que assume variam de uma correspondência mais estrita das práticas e do discurso aos cânones da objetividade até o rompimento com esses cânones, sem romper, no entanto, com as ficções mencionadas antes: a suspensão do jornalista como indivíduo socialmente posicionado e a transformação do público em coletivo moral homogêneo. Os julgamentos, que podem orientar o noticiário factual ou tomar o seu lugar, continuam a ter sua legitimidade sustentada pelo entendimento de que são expressivos de valores morais não conflitivos ou previamente assumidos pelo público. Nesse sentido, pode-se dizer que a objetividade canônica é abandonada, sem que se abandone o ideal de um jornalismo que não toma partido e é capaz de afastar-se dos interesses e perspectivas parciais.

O jornalismo da revista *Veja* expõe essa dinâmica, exemplificando a tensão e a acomodação simultâneas entre objetividade, imparcialidade e discurso valorativo. É capaz de romper com os cânones da objetividade jornalística e, ao mesmo tempo, manter a aderência de leitores que não precisaram desatar a conexão entre bom jornalismo, verdade e imparcialidade para continuarem a recorrer a *Veja* para se informar. Para analisá-lo, vamos focar em duas reportagens de capa que lidam com o "risco" de que, com a vitória de um candidato petista – primeiro Lula, depois Dilma Rousseff –, os setores "extremistas" do partido ganhem força para implementar suas ideias.

Em 23 de outubro de 2002, portanto às vésperas do segundo turno, a revista mostrava na capa um cérbero com as cabeças hidrófobas de Lenin, Trotski e Marx e a chamada "O que querem os radicais do PT". Na edição de 14 de julho de 2010, portanto logo no início da campanha oficial para o primeiro turno, a capa apresentava concepção bastante similar. A ilustração da capa, reproduzida com pequenas alterações no miolo, mostra uma hidra vermelha de cinco cabeças, com uma estrela desbotada ao fundo. A chamada não deixa lugar a dúvidas: "O monstro do radicalismo: a fera petista que Lula domou agora desafia a candidata Dilma". O gancho da reportagem é o imbróglio envolvendo o programa de governo de Dilma Rousseff – a versão inicialmente depositada junto à Justiça Eleitoral, considerada muito radical, foi substituída pelo PT.

Dentro, a matéria, assinada por Otávio Cabral, é intitulada "A criatura contra-ataca". As cinco cabeças da hidra correspondem às propostas "extremistas": punição de torturadores, imposto sobre grandes fortunas, legalização do aborto e o que *Veja* chama de "controle da imprensa" e de "salvo-conduto para o MST" (exigência de negociação com os sem-terra, antes da reintegração de posse de áreas ocupadas). Todo o conhecimento que o leitor tem do documento provém das interpretações fornecidas pela reportagem, uma vez que a revista não reproduz uma única linha do texto original.

Esse é um dos mecanismos mais evidentes de produção de sentido, em que a autoria do jornalista e a edição do texto sobrepõem-se aos documentos e depoimentos que seriam a base do texto jornalístico. Um dos pontos mais batidos pela *Veja* é chamado de "controle da imprensa" (pp. 64 e 68), ataque às "garantias à liberdade de expressão" (p. 65), "tentativa de cercear a liberdade de imprensa" (p. 67), "controle estatal da imprensa" (p. 68) e "controle da imprensa livre" (p. 69). O conteúdo das medidas propostas é explicado em poucas linhas: "Dar ao governo condições para interferir na programação, no gerenciamento e na propriedade das emissoras de rádio e TV" (p. 64). Os defensores da proposta, porém, falam em "democratização" dos meios de comunicação, com a quebra dos monopólios privados e a ampliação da pluralidade de vozes com acesso à mídia.

Esse discurso não aparece em *Veja*. O único entrevistado sobre o tema é Daniel Slaviero, presidente da Associação Brasileira de Emissoras de Rádio e Televisão (Abert), a entidade que reúne os proprietários da mídia, que vê a medida como a brecha "para que se intervenha e censure um veículo de comunicação" (p. 68). Estamos a anos-luz da regra de "ouvir os dois lados", que Tuchman apresenta como central nos rituais da objetividade jornalística. Os defensores do controle social da mídia não têm voz; o documento entregue pelo PT à Justiça Eleitoral não é citado; e mesmo as explicações da coordenação da campanha de Dilma Rousseff para a confusão com os programas de governo são abertamente ridicularizadas:

> Sem sucesso no governo Lula, a tentação autoritária estaria rondando agora a campanha de Dilma Rousseff? Segundo os petistas, não. Tudo não passou de um erro grotesco, uma trapalhada. A campanha da ex-ministra é a mais bem organizada, conta com uma equipe enor-

me de advogados, assessores, jornalistas, marqueteiros e políticos experientes. Porém, teria sido apenas na manhã de segunda-feira passada, o prazo final para o registro das candidaturas no Tribunal Superior Eleitoral, que alguém percebeu que faltava um documento obrigatório a ser encaminhado à Justiça – o programa de governo. Parece inacreditável, mas ninguém sabia onde estava o programa de governo da candidata. (p. 67)

A "liberdade de imprensa" é uma bandeira constante nas páginas de *Veja*. Entre 2007 e 2009, a revista dedicou onze reportagens ao tema. Apenas como comparação, no mesmo período, entre as suas concorrentes, *Época* publicou duas reportagens sobre liberdade de imprensa, ao passo que *IstoÉ* e *CartaCapital* não publicaram nenhuma.[7] Em *Veja*, o tema pôde servir apenas como pretexto para outra diatribe contra o presidente venezuelano, à época, Hugo Chávez (Duda Teixeira, "O coronel agora é censor", *Veja*, 31/1/2007, p. 83) ou para comemorar a extinção da Lei de Imprensa herdada da Ditadura Militar (Diego Escosteguy, "Um fóssil se vai", *Veja*, 6/5/2009, p. 120). Mas cada uma dessas matérias contribui para compor um quadro nítido: a oposição entre o modelo de livre mercado, propugnado pela revista, e os defensores de formas autoritárias de controle da informação. Neste segundo grupo, ao lado da Ditadura de 1964 e de Hugo Chávez, quando não de Cuba e da Coreia do Norte, estão os setores da esquerda que defendem a democratização dos meios e as iniciativas do governo Lula, como a abortada tentativa de criação do Conselho Federal de Jornalismo, em 2004, ou a realização da Conferência Nacional de Comunicação, em 2009.

Mesmo as críticas de Lula à cobertura da mídia são apresentadas como sintomas de uma tentação autoritária, como diz uma reportagem não assinada da *Veja*:

> Por onde se olha na América Latina, há um governante com a ideia fixa de que seus fracassos seriam menos gritantes se só existisse a imprensa oficial.

O Brasil vinha sendo a excepcionalidade na região. Agora o próprio presidente Lula está desenhando o que ele imagina ser a imprensa ideal. ("Más notícias, presidente", 4/11/2009, p. 100)

O problema é a intolerância às críticas: "A imprensa livre é um estorvo em PTópolis. Ela insiste em investigar, fiscalizar e dar nome aos bois". Na mesma reportagem, a menção a um discurso em que Lula teria dito aos jornalistas para construir suas matérias a partir da experiência dos catadores de papel, recomendando que as publicassem sem interpretar, é seguida dos seguintes comentários: "É espantoso. Lula não lê jornais. Mas quer ensinar como editar jornais. Má notícia, senhor presidente. Ter 80% de popularidade não credencia ninguém a ser repórter ou editor".

Ettema e Glasser observam o papel da ironia na produção do lugar de "guardião da consciência moral" que o jornalismo se atribui. Ela permite apresentar um julgamento moral sem que seja necessário fazer um "sermão" sobre o tema (Ettema e Glasser, 1998: 87). Ao mesmo tempo, a ironia estabelece uma cumplicidade entre o texto e seu leitor. Para que funcione, para que seja decodificada de forma adequada, ela exige um vocabulário moral compartilhado (Ettema e Glasser, 1998: 105).

Trata-se de uma ferramenta comum no repertório do jornalismo. Mas o uso que *Veja* faz dela merece atenção. Na matéria sobre o programa de governo de Dilma Rousseff, a galhofa é contida, como uma piscadela ao leitor: será mesmo que uma campanha tão bem organizada se atrapalharia na entrega da documentação à Justiça Eleitoral? A dúvida ajuda a construir o argumento subjacente, de que os petistas radicais não estão tão domesticados quanto os líderes do partido gostam de anunciar e ainda têm força suficiente para emplacar, mesmo que só por algumas horas, o programa oficial da candidata. Há, também, uma sobreposição entre a ironia e o recurso às aspas, que é parte importante dos procedimentos-rituais da objetividade e da demarcação da exterioridade entre os enunciados assumidos pelo autor e aqueles atribuídos a outrem. Um exemplo é a legenda que acompanha a imagem da hidra no miolo da matéria – "As propostas que entraram 'por engano'" –, em que a expressão "por engano" aparece entre aspas e em vermelho, destacada das palavras que a precedem sem aspas e em cinza.

O sarcasmo pesado da matéria sobre as críticas de Lula à imprensa, incomum no jornalismo fora dos espaços de "opinião", é de outra natureza. Marca uma identidade de *oposição* ao governo, que a própria reportagem apresenta como sendo própria do bom exercício profissional: "Não existe jornalismo a favor" ("Más notícias, presidente", *Veja*, 4/11/2009, p. 100). Mas a oposição específica ao governo Lula é diluída na caracterização supostamente inconteste do papel da imprensa e dos limites dos governos para sua regulação. Esse papel seria regido, ao mesmo tempo, por normas jurídicas *e* valores compartilhados, o que leva a revista a sustentar que "os próprios leitores e a Justiça punem os jornalistas que ultrapassam os limites éticos".

A crítica ao desempenho da mídia é automaticamente igualada ao anseio por controlá-la, em outro importante estratagema de produção de sentido por parte de *Veja*. Para um exemplo significativo, é possível voltar à reportagem de 14 de julho de 2010, sobre os riscos do radicalismo na candidatura de Dilma Rousseff. O título na capa não deixa dúvidas sobre quem é a hidra: "O monstro do radicalismo". O olho da matéria, porém, diz que a questão é se Dilma Rousseff conseguirá "domar o monstro do autoritarismo" (p. 65). E o terceiro parágrafo do texto assinala que "Dilma está sendo desafiada pelo monstro do atraso com suas múltiplas cabeças ágrafas, ignorantes, passadistas e liberticidas" (p. 65). O monstro é, simultaneamente, do radicalismo, do autoritarismo e do atraso. No discurso de *Veja*, os três substantivos contam como sinônimos. Os radicais tentam impor visões minoritárias, portanto são autoritários. E não percebem que suas doutrinas foram superadas pela história, portanto são atrasados.

O deslizamento promove a equivalência entre radical e autoritário, radical e atrasado, sem que seja necessário aduzir uma única justificativa. O que torna possível tal manobra – e que faz com que ela seja encarada com total naturalidade; na verdade, com que não seja sequer percebida – é o fato de que a revista e seus leitores compartilham de um mesmo universo mental, no qual a modernidade (o oposto do atraso) e a democracia (o oposto do autoritarismo) correspondem aos países capitalistas centrais, nos quais, por sua vez, todo o jogo político se dá sob o signo da moderação (o oposto do radicalismo). Qualquer ideia que fuja da conformidade com um modelo, aliás bastante estrito, de ordenamento econômico e político liberal é "radical", logo atrasada e autoritária. Qualquer inconformidade com o padrão dado de gestão dos meios de comunicação de massa é censura. Emparelhadas com vocábulos de claro sentido pejorativo, tais propostas não merecem ser ouvidas em seus próprios termos (afinal, quem precisa de defensores da censura ou da ditadura na mídia?) e podem receber a condenação moral que merecem.

A isenção, portanto, não é uma suspensão de julgamento. Mas não admite a contestabilidade da norma que está na base desse julgamento. Trata-se do *julgamento objetivo*, ancorado em fatos, com base numa norma igualmente objetiva, isto é, entendida como pertencendo à natureza das coisas. Assim considerado, o transgressor *é* um transgressor e nomeá-lo como tal não representa uma ruptura, mas a confirmação da isenção jornalística.

A transformação dos julgamentos em fatos não corresponde, como tal, ao falseamento de informações em sentido estrito. Mas abre brechas para informações que são imprecisas, porém coerentes com os discursos sustentados. Na matéria sobre o programa de governo de Dilma Rousseff, o leitor de *Veja* não teve acesso aos programas registrados, apenas aos comentários da revista. Em um pequeno quadro, sob o título "O que ficou", *Veja* informa seu leitor de que "Apesar de alterado, o item que trata da liberdade de imprensa ainda defende o controle da mídia" (Otávio Cabral, "A criatura contra-ataca", p. 65). No programa de governo registrado no TSE, no entanto, não há qualquer passagem que corresponda à defesa do controle da mídia ou mesmo um item que trate especificamente da liberdade de imprensa. Nos trechos que podem ter levado a esse julgamento, o programa define as "cadeias de rádio e de televisão" como "pouco afeitas à qualidade, ao pluralismo, ao debate democrático", fala em "monopólio e concentração dos meios de comunicação" e associa o aprofundamento da democracia brasileira a uma "forte circulação de ideias" (Coligação Para o Brasil Seguir Mudando, "Diretrizes do Programa 2011/2014", itens 42-4: 15).

Interpretações que anulam o fato, ironia e o jogo das equivalências (e mesmo a provisão de informações imprecisas) são os instrumentos principais por meio dos quais a revista produz sentido. Sem a adesão a um conjunto de códigos compartilhado com seus leitores, porém, pode-se supor que haveria resistência a tomadas de partido tão indisfarçadas. A eficácia desses instrumentos depende da cumplicidade com o público. É de se perguntar, então, como *Veja* foi capaz de se colocar nesta posição de garantir uma cumplicidade tão extensa entre seus preconceitos e os de seus leitores. É isso que parece permitir que a revista rompa com os cânones da objetividade e explicite seu engajamento com determinados valores de modo mais acentuado do que a média da mídia brasileira, sem, no entanto, comprometer sua posição de destaque nesse campo e a credibilidade diante do público.

Trata-se de algo que foi construído ao longo dos anos. A cumplicidade pode ser explicada, ao mesmo tempo, pela identidade entre a posição social dos jornalistas e dos leitores e pela posição que a mídia e, nesse caso, a revista *Veja*, especificamente, têm na conformação dos valores compartilhados pelos leitores e do senso comum, em sentido mais amplo. A reportagem de 2002 sobre os radicais possui pontos de contato, mas também diferenças marcadas em relação à sua similar de oito anos mais tarde. Em primeiro lugar, ela é muito mais informativa, no sentido que o jornalismo atribui à palavra. *Veja* procura sustentar a importância das correntes "radicais" dentro do PT, apontando quantos filiados cada uma delas agregaria, quais são suas principais lideranças e que propostas defendem (box "As tendências do PT", pp. 40-1). Ainda que haja ironia – a ideologia da corrente Articulação de Esquerda é identificada como "marxista de manual" –, há também alguma explicação de suas ideias. Assim, para a tendência O Trabalho, o orçamento participativo, "em vez de fomentar o crescimento de organizações populares independentes, resulta em sua cooptação pelo aparelho de Estado".

Também são entrevistados líderes da esquerda petista, com destaque para a senadora Heloísa Helena, que merece um pingue-pongue reproduzido num box da matéria ("O discurso light do PT me irrita", pp. 42-4). Outros entrevistados são o ex-prefeito de Porto Alegre, Raul Pont; os deputados federais eleitos Ivan Valente e Luciana Genro; e Marcus Sokol, da corrente O Trabalho. São reproduzidos trechos de documentos das tendências de esquerda. Não é que falte um julgamento explícito, por vezes marcado pela ironia e sempre denunciando as propostas radicais como uma ameaça às liberdades e ao bem-estar do povo brasileiro:

> Defendem a "expropriação do patrimônio da grande burguesia", a reestatização de empresas privatizadas, o amordaçamento da imprensa (sob o eufemismo de "controle social dos meios de comunicação"). Em outras palavras, querem que sejam impostas ao país medidas anacrônicas e tão factíveis quanto convencer o ditador cubano Fidel Castro a cortar sua barba. (p. 38)

A denúncia, porém, é apoiada em extratos do discurso dos próprios radicais, que a evidenciariam. Assim, Heloísa Helena manifesta seu desgosto com a moderação do discurso petista, Ivan Valente, Luciana Genro e Marcus Sokol pregam o rompimento com o Fundo Monetário Internacional. A visão de Genro sobre a situação da Colômbia é tachada de "completamente desprovida de sentido de realidade", mas a revista não se furta a citar seu argumento de que há "uma intervenção político-militar do imperialismo contra as Farc, principal expressão da luta dos camponeses" (p. 44). Os enquadramentos preferidos da esquerda do PT são desqualificados de forma expressa no texto, mas não estão completamente ausentes – ao contrário do que ocorre na edição de 2010. Nesta, os petistas, "radicais" ou não, são mencionados sem voz. A matéria contrapõe "petistas moderados" – como Antonio Palocci, "o fiador da estabilidade econômica", Luiz Dulci, "responsável pela relação amistosa com os movimentos sociais", e Fernando Pimentel (sem maiores explicações) – a "figuras antagônicas", entre as quais estão Franklin Martins, "defensor do controle da imprensa livre", Paulo Vannuchi, "o mentor do Programa Nacional de Direitos Humanos", e Marco Aurélio Garcia, "a voz mais estridente de um grupo numeroso, embora minoritário, que habita uma das áreas mais pantanosas do PT". Não se considerou necessário explicar que áreas são essas.

Nos oito anos do governo Lula, portanto, *Veja* aprofundou seu afastamento em relação aos cânones da objetividade ostensiva, assumindo – de maneira ainda mais aberta – um tom antipetista militante. Por outro lado, ao adotar uma postura incisiva de condenação a políticos de oposição envolvidos em escândalos (como na cobertura do esquema de corrupção envolvendo o então governador do Distrito Federal, José Roberto Arruda, em 2009 e 2010), a revista atestava sua neutralidade quanto às consequências do noticiário, um dos componentes da própria objetividade. O jornalista objetivo *não deve* considerar os efeitos daquilo que reporta, deve ser despreocupado quanto a quem se beneficiará e quem será prejudicado com a notícia veiculada (Gans, 2004: 188). A notícia seria justa, portanto, quando são justas suas intenções, que não remeteriam senão aos próprios critérios jornalísticos. Os efeitos não pretendidos não entram no cálculo de justiça. Os transgressores, sejam eles quais forem, não são alvos de um jornalista ou de um veículo, mas do bom senso e dos critérios morais socialmente compartilhados.

O recurso à neutralidade permitia a *Veja* manter-se como "objetiva" (no sentido de reportar a realidade tal como é) e "partidária", no sentido amplo da palavra. É conhecido o comentário de Gramsci, para quem "um jornal (ou um grupo de jornais), uma revista (ou um grupo de revistas) são também 'partidos', 'frações de partido' ou 'funções de determinados partidos'" (Gramsci, 2000 [1933-1935]: 350). Incorporando um projeto político, *Veja* cumpre funções de partido; fazendo dele não uma opção, mas um imperativo moral, impede que seu discurso seja entendido como parcial; denunciando e condenando políticos partidários do mesmo projeto, afirma-se como neutra.

Há um aparente paradoxo; afinal, nas narrativas sobre a história da imprensa, o jornalismo objetivo é apresentado em oposição ao jornalismo partidário. Enquanto este último, financiado por interesses políticos, é um instrumento de propaganda, o jornalismo objetivo é abrigado em empresas comerciais que visam ao lucro, mas seria capaz de mobilizar seus próprios valores normativos para escapar de pressões indevidas. A concorrência mercantil aparece, então, como instrumento importante de manutenção da autonomia do campo jornalístico, uma vez que o público consumidor puniria os veículos que se rendessem à manipulação da informação.[8]

O problema do jornalismo partidário, porém, parece ser menos o risco de manipulação do que a ausência de neutralidade. Michael Schudson define assim a diferença entre jornalismo "objetivo" e jornalismo "partidário":

> A norma de objetividade leva os jornalistas a separar fatos de valores e a noticiar apenas os fatos. Espera-se que o tom da reportagem objetiva seja frio, em vez de emotivo. A reportagem objetiva cuida para representar, de forma justa, cada um dos lados principais numa controvérsia política. De acordo com a norma de objetividade, o trabalho do jornalista consiste em reportar algo chamado 'notícia' sem comentá-la, enviesá-la ou conformar sua formulação de qualquer maneira. O valor da objetividade é afirmado espe-

cificamente contra o jornalismo partidário, no qual os jornais são os aliados declarados ou agentes de partidos políticos e suas notícias são um elemento da luta partidária. Jornalistas partidários, tal como jornalistas objetivos, tipicamente rejeitam inexatidão, mentira e desinformação, mas não hesitam em apresentar a informação da perspectiva de um partido ou facção em particular. (Schudson, 2001: 150)

Também no Brasil, é frequente entre jornalistas e estudiosos o entendimento de que o "lento desengajamento partidário dos jornais" permitiu que a cobertura política se adequasse ao "modelo da imparcialidade e da isenção" (Corrêa, 2002: 259). Em registro semelhante, entende-se que o jornalismo brasileiro teria se modernizado, a exemplo do norte-americano, passando de combativo a informativo e sendo capaz de separar "o comentário pessoal da transmissão objetiva e impessoal da informação" (Abreu, 2002: 15).

Podemos voltar à definição de Gramsci para ressaltar a função partidária da imprensa. Não se trata aqui de validar o modelo que essas narrativas consideram historicamente ultrapassado, o da vinculação entre veículos de imprensa e partidos políticos específicos, mas de colocar em questão a oposição mais abrangente entre partidarismo e neutralidade, entre o jornalismo dependente do patrocínio dos políticos e o jornalismo orientado pela lógica empresarial. Uma primeira forma de confrontá-la é expor os laços entre a mídia empresarial e o campo da política. A substituição do jornalismo "patrocinado" pelo jornalismo "subsidiado" daria conta de maneira mais realista desse processo e do padrão daí resultante, que envolve relações e determinações recíprocas entre um modo de organização da política liberal e um modo de organização do jornalismo moderno (Cook, 2005 [1998]). Mas é preciso ressaltar a autonomia relativa em relação aos governos e partidos políticos, sem confundi-la com imparcialidade e isenção. Essa autonomia permite, entre outras coisas, transformar a ideia de que o jornalismo é capaz de espelhar a realidade sem reproduzir as posições parciais em um recurso para intervir, em nome do bem comum e de valores universais, nas disputas entre segmentos das elites políticas.

No sentido aqui trabalhado, o jornalismo objetivo não deixou de ocupar a função de partido, mesmo que não se vincule a um partido político: representa interesses e perspectivas sociais específicos, estabelece mediações entre as instituições políticas e os cidadãos, procura impor visões de mundo e forjar consensos. Ele colabora para a reprodução de valores socialmente hegemônicos ao silenciar sobre as disputas em torno desses valores. Mas esse silêncio não significa a ausência de posições ou a acomodação a posições prévias, anteriores e exteriores. Ao apresentar julgamentos como fatos, o jornalismo participa ativamente da construção dos próprios fatos. Atua politicamente quando atribui significados às disputas presentes. E atua com maior eficácia quando, respaldado pelos ideais da objetividade e da imparcialidade, articula perspectivas e interesses parciais em discursos identificados como neutros e não posicionados.

Em suma, no jornalismo, a neutralidade corresponde à validação de discursos hegemônicos. O entendimento de que veículos e jornalistas mantêm posição de exterioridade em relação aos conflitos políticos e sociais lhes confere a possibilidade de colocar em circulação julgamentos, sem a pecha de agir em nome de interesses específicos. Quando a neutralidade é considerada um ideal que não se efetiva, mas que permite distinguir entre o bom jornalismo e o ruim, a oposição entre fatos e julgamentos permanece ainda como uma referência para jornalistas, público e analistas.

A ambição de produzir um discurso que espelhe a *realidade* é central ao ideal da objetividade, mas não esgota seus sentidos. O papel ativo dos jornalistas na seleção dos aspectos da realidade que ganham relevância no noticiário é, há muito tempo, considerado também por aqueles que mantêm a neutralidade como um ideal. Os discursos mais ingênuos sobre a correspondência entre jornalismo e "fatos" são pouco frequentes. Mas fica mantida a ideia de que, se não é possível dar conta de *toda a realidade*, seria possível ao menos colocar em suspenso os julgamentos. A verdade seria alcançada quando (e porque) é possível assumir uma posição imparcial. Mantém sua força, também, o entendimento de que os julgamentos presentes no noticiário, quando são assim reconhecidos, correspondem a valores sociais compartilhados e não conflitivos. Seriam, assim, a expressão da opinião pública, codificada como bom senso informado. Julgar não seria, nesse sentido, tomar partido.

A realidade que o discurso jornalístico apresenta é um artefato moral. Mas como as disputas entre interesses e representações diversas do mundo social não são explicitadas, ela é apresentada como um artefato sem artífices. O ideal da objetividade não corresponde apenas à ilusão de que os jornalistas podem transcender sua condição de indivíduos socialmente posicionados. Corresponde, também, à ficção de que os valores morais hegemônicos são universais. Objetividade e imparcialidade são, nesse sentido, dispositivos que permitem ocultar o trabalho moral realizado pelos jornalistas.

Na base dos *framings* presentes no noticiário estão valores relacionados a posições e interesses sociais específicos, a partir dos quais os fatos jornalísticos tomam forma. Em outras palavras, a matéria dos fatos são os julgamentos, e não o contrário. Naturalizados e objetivados, os padrões de valores assumidos pelo jornalismo são a base para posições que não aparecem como tomada de partido, mas como a expressão da própria realidade. Os fatos noticiados demonstrariam, sem a necessidade de interpretações, o apego ou o desvio de atores e instituições a códigos tomados como óbvios. Veículos e jornalistas podem, assim, julgar instituições e indivíduos mantendo-se dentro dos limites do que é entendido como seu papel: o de críticos imparciais. Expressam posições políticas e valorativas específicas que são, no entanto, apresentadas como a expressão de uma crítica que resguarda valores que seriam os de "todos nós".

Considerando que a neutralidade dissimula valores e envolvimentos, o jornalismo não pode ser tomado como simples veículo dos discursos e interesses hegemônicos. Mais do que colocá-los em circulação, o jornalismo participa de sua afirmação, sobretudo por sua capacidade de legitimar e naturalizar determinadas compreensões da realidade. Atua em contextos marcados por conflitos e disputas horizontais e verticais. Representa "valores comuns" em sociedades estruturalmente marcadas por relações de poder assimétricas, traduzidas em vantagens e desvantagens para parcelas diferentes da população. Transcende, supostamente, os conflitos em contextos marcados por disputas entre elites políticas. Dissimula, portanto, o fato de ser um ator político e funcionar, nesse sentido, como *partido* – independentemente de sua relação com partidos políticos específicos.

O ideal da objetividade e a afirmação dos valores morais não são excludentes. É mesmo o contrário disso: "fatos objetivos" e julgamentos complementam-se na legitimação do jornalismo como guardião dos valores sociais. Essa dinâmica parece estar presente, com variações, nas dimensões da ética e das práticas que organizam o jornalismo nas sociedades liberais contemporâneas. A análise da revista semanal brasileira *Veja* permitiu destacar um aspecto central à sua sustentação: o compartilhamento dos valores entre o jornalismo e seu público. A dependência cognitiva do público em relação aos meios de comunicação e o baixo grau de pluralidade desses últimos são variáveis importantes nessa relação. Consideradas, impedem uma simplificação: a ideia de que a percepção clara de posições e interesses por parte do público orientaria a escolha de um veículo de informação, que atuaria então como representante de um segmento específico da população. O equívoco, nesse caso, está em tomar o vínculo entre os veículos de comunicação e seu público como a mera formalização de posições e entendimentos que o antecederiam. Trata-se, diferentemente, de uma relação complexa e que se estende no tempo, na qual as representações da realidade social são alimentadas por um noticiário factual que é, por sua vez, resultante de representações específicas dessa mesma realidade. A neutralidade é, portanto, o efeito de parcialidades que coincidem ou se assemelham em contextos nos quais o jornalismo tem uma atuação importante na lapidação dos consensos.

NOTAS

[1] Para uma análise deste processo tendo como caso o "mensalão" do primeiro governo Lula, ver Miguel e Coutinho (2007).
[2] Em muitos estudos sobre jornalismo, "neutralidade" significa "desatenção às implicações" das notícias, que seriam veiculadas sem preocupação com quem será prejudicado ou beneficiado por elas (cf. Gans, 2004 [1979]: 183). Aqui, usamos no sentido de "neutralidade valorativa", próxima do *Wertfreiheit* weberiano.
[3] Tiragem *anunciada*, uma vez que há controvérsia sobre a veracidade dos números divulgados e alguns ex-profissionais da revista afirmam que eles são inflados em cinco ou mais vezes (Nogueira, 2013).
[4] O exemplo mais conhecido é o "dossiê" publicado na internet, no começo de 2008, pelo jornalista Luís Nassif. Disponível em <luis.nassif.googlepages.com/>, acesso em set. 2016.
[5] Para um exemplo excepcionalmente ingênuo desta postura, ver Marcelino et al. (2009).
[6] Para análises empíricas que demonstram a acomodação do jornalismo brasileiro às hierarquias vigentes no campo político, cf. Gomes (2008a) e Miguel e Biroli (2011).
[7] Em sua edição 606, de 28 de julho de 2010, *CartaCapital* finalmente dedicou-se ao tema. A reportagem de capa, intitulada "Censura: um fantasma apenas", dedicava-se a mostrar que a liberdade de imprensa não se encontra em risco no Brasil. Era evidente o intuito de se contrapor ao discurso de *Veja*. No relato de *CartaCapital*, as "propostas equivocadas e, em geral, inócuas encampadas por setores do governo" não têm peso para merecer o *status* de ameaças à liberdade de imprensa. Mas a reportagem entrevista tanto porta-vozes das empresas quanto defensores do "controle social da mídia" (Sergio Lirio, "Fantasmas à solta", *CartaCapital*, 28/07/2010, pp. 20-5).
[8] O "caso Mark Willes" – o executivo do *Los Angeles Times* que, nos anos 1990, tentou subverter as normas da ética jornalística para ampliar o retorno econômico e perdeu o cargo diante da resistência de repórteres e leitores – é o exemplo mais citado (cf. Janeway, 1999: 151).

O JORNALISMO COMO GESTOR DE CONSENSOS

Flávia Biroli

É bastante difundido o entendimento de que o jornalismo atua como partido quando a atividade jornalística coincide com a atividade política de um partido ou facção política, isto é, se define e se identifica pela defesa de uma plataforma, de uma causa ou de um conjunto de interesses que estão relacionados a um partido ou posição político-partidária em particular. A noção de paralelismo político, compreendida como correspondência entre as posições nos meios de comunicação e as posições no espectro político-partidário (Hallin e Mancini, 2004), é uma das expressões mais conhecidas desse entendimento na literatura contemporânea sobre mídia e política. Uma de suas bases normativas é a oposição entre jornalismo ideológico e jornalismo objetivo, ainda que esta última tenha sido alvo de críticas recorrentes por ser vista não apenas como ingênua, ao pressupor que a objetividade pode ser alcançada e que é possível um jornalismo livre de ideias e conceitos prévios à construção das narrativas factuais, mas também como conceitualmente equivocada ao reduzir ideologia a tomada de partido. A matriz histórica dessa oposição é, por sua vez, a distinção entre jornalismo partidário e profissional. E esta, diferentemente da noção de jornalismo objetivo, permanece em grande parte intocada. É o que ocorre, por exemplo, na diferenciação feita por Hallin e Mancini entre a tradição da advocacia e a tradição da neutralidade no jornalismo político (2004: 26-7).

A distinção entre jornalismo partidário e/ou político e jornalismo profissional e/ou empresarial vem sendo importante para análises do jornalismo brasileiro. O fortalecimento da mídia empresarial, associado à profissionalização da atividade jornalística, redefiniu a atuação da mídia e contribuiu para um novo arranjo nas relações entre mídia e política ao longo do século XX (Abreu, 2002; Bahia, 1990 [1964]; Sodré, 1977 [1966]). Mesmo estudos que afirmam que jornais como *O Estado de S. Paulo* e *Jornal do Brasil* já se organizavam como empresas no final do século XIX ressaltam que eram ainda jornais "de causa", fundados para defender uma posição política. Neles, "a organização empresarial era arcabouço material para se realizar o objetivo político" e o lucro não era um objetivo independente ou prioritário em relação à "mensagem" (Taschner, 1992: 30-1).

Não há, nessas análises, uma exclusão da atuação política, mas um destaque para a institucionalização do jornalismo (Ribeiro, 1998), com a definição de uma cultura e de uma lógica que seriam próprias – a da técnica e da ética jornalísticas como imperativos mobilizados pelos profissionais, a do lucro e do público como imperativos mobilizados pelos empresários, para fazer uma divisão grosseira entre redação e gerência. E um dos elementos característicos dessa lógica é que ela não é situada, ao menos *a priori*, no espectro político-partidário. Dessa ausência de posição é logicamente derivado o entendimento de que o jornalismo não partidário é também um jornalismo *potencialmente distinto* das posições políticas e das disputas. Isso não significa que ele efetivamente o seja, ou que sempre o seja, mas que se tornaria possível considerar o posicionamento como um desvio. Daí a surpresa, em alguns estudos, quanto ao fato de que o jornalismo transformado em profissão e empresa não seja capaz, ainda assim, de agir como "força de neutralização do particularismo e partidarismo das locuções dos diferentes setores políticos e sociais" (Ribeiro, 1998: 319).

Nesse sentido, o fato de que o jornalismo brasileiro "concilia um papel político ativo com a reivindicação do exercício de um lugar transcendental em relação às forças políticas particulares, típico daquele encontrado no modelo americano do *jornalismo objetivo*" (Albuquerque, 2010: 101), não é, do ponto de vista desta análise, algo que de fato o distinga. Para que fosse, seria necessário encontrar no modelo orientado pelo ideal da objetividade (da transcendência em relação a posições particulares) um recuo ou suspensão da atuação política. Mas, como se sabe, o fato de que a objetividade seja parte da deontologia do jornalismo não anula a prática política, ainda que a reconfigure, construindo para o jornalismo um lugar especial, distinto, nas disputas políticas (Carpentier, 2005; Deuze, 2005; Ettema e Glasser, 1998; ver também o capítulo "Jornalismo, conflito e objetividade" deste livro).

Na análise do jornalismo estadunidense, Schudson (2003 [1995], 2001) observa a passagem do jornalismo como voz partidária ao recurso à neutralidade e depois à objetividade, como dispositivos de defesa dos jornalistas como grupo ocupacional. A análise não se fia na objetividade como princípio, mas analisa sua realização como ideal normativo, situado em um contexto específico da política e do jornalismo. O viés que o jornalismo apresenta é, nesse caso, sobretudo aquele que advém da própria cultura profissional dos jornalistas, estabelecendo um *continuum* entre rotina de trabalho, ética profissional e posição social dos jornalistas (majoritariamente brancos e de classe média), levando à compreensão de que "as notícias são hoje muito mais formatadas pelo verniz profissional e muito menos marcadas pelas expectativas ou receios partidários do que em uma imprensa verdadeiramente política" (Schudson, 2001: 9).

Nas análises mais preocupadas com o impacto do jornalismo para a democracia, a compreensão de que a objetividade constitui normativamente o jornalismo convive com uma preocupação em caracterizar novas formas de atuação política. O próprio Schudson, mencionado anteriormente, discute as transformações na cultura política do jornalismo ao mesmo tempo que procura apontar caminhos para tornar a atividade jornalística mais compatível com a democracia – que ora parece mais próxima, na sua análise, de uma visão dahlsiana de agregação de grupos de interesse, ora de uma visão republicana que remete à superação dos interesses privados parciais em direção ao bem público. Se a mídia não pode permanecer à parte nas disputas entre interesses distintos, assumindo uma posição objetiva, ela poderia, alternativamente, "promover uma visão mais compreensiva da política do que aquela dos grupos que defendem interesses específicos", em vez de, "inconscientemente e sem essa intenção, disseminar e reforçar a visão dos grupos de interesse" (Schudson, 2003 [1995]: 222).

O noticiário é definido pelo autor como "depositário de pressuposições compartilhadas" (Schudson, 2003 [1995]: 15), como prática social e forma literária que "reflete, incorpora e reforça estruturas e valores de um mundo social particular de maneiras que remetem ao mesmo tempo às estruturas e valores do jornalismo e ao 'mundo' que ele presume cobrir" (2003 [1995]: 15). E é isso que permitiria considerá-lo como instituição social e cultural complexa, que não poderia ser "reduzida a uma ideologia política articulada" (2003 [1995]: 16).

A expressão que melhor definiria essa prática complexa é *public knowledge*, "conhecimento público". Vale observar que, tomado esse rumo, o problema da impossibilidade prática da objetividade é deslocado em direção a uma atuação pública que abrangeria o leque dos interesses e posições socialmente representados num dado contexto. Fica resguardada a visão de que o jornalismo poderia – deveria, ao menos – representar a própria pluralidade social.

Para a abordagem que proponho neste capítulo, o ponto é que há um paralelo, em análises históricas e normativas, entre a superação do jornalismo partidário e a transcendência do jornalismo (profissional) relativamente às disputas políticas e aos interesses sociais. Ele é o alvo das críticas aqui mobilizadas. Diferentemente, defino a atuação do jornalismo como *partidária* porque entendo que expressa ativamente – e não apenas nas disputas eleitorais – uma posição política situada. O recurso à noção de atuação partidária é uma opção para ressaltar que essa posição situada é incontornável e para tensionar a dualidade partidário versus profissional. Destaco, assim, o fato de que o jornalismo é a expressão de *uma parte* nas disputas mesmo quando não existe alinhamento político-partidário estável.

Neste capítulo, o enfoque é sobretudo nos valores e nas práticas que organizam o jornalismo convencional. Com isso, é reduzida a atenção ao jornalismo on-line, aos desafios que se impõem quando se pensa no jornalismo local e às disputas entre enquadramentos que se estabelecem a partir, por exemplo, da atuação dos movimentos sociais por meio das redes sociais, de blogs ou de veículos específicos. Essas são variáveis e aspectos que poderiam ser retomados para a consideração de situações e interações específicas.[1]

Deixo indicado, no entanto, que o jornalismo on-line pode ser entendido como um elo a mais na alimentação de informações entre jornalistas, e entre jornalistas e assessorias de imprensa, aqui discutida. As manifestações dissonantes, na internet, tendem a não atingir o mesmo status que os blogs e Twitters de jornalistas e políticos já posicionados. Os meios de comunicação convencionais são, ainda, pouco permeáveis a discursos que não tenham incorporado previamente a sua lógica. Essa é uma das maneiras pelas quais se definem, hoje, as fronteiras da política no jornalismo: é preciso que os discursos sejam coerentes com as representações da política predominantes no jornalismo para que suas chances de serem incorporados ao noticiário se ampliem. Pensar as fronteiras da política no jornalismo parece necessário, assim, também para que seja possível reconhecer espaços e dinâmicas comunicacionais alternativas.

Tendo isso em mente, este texto discute valores e práticas jornalísticas que tendem a reforçar limites da política democrática, na medida em que os consagram e naturalizam. Há uma relação significativa entre a organização dos diferentes campos sociais e as fronteiras no noticiário. Isso inclui as fronteiras internas e as externas. No primeiro caso, o das internas, refiro-me à distribuição dos temas e dos atores sociais pelas diferentes partes ou seções do noticiário. Como há hierarquias entre essas partes (de visibilidade, de "seriedade", de relevância atribuída), essa distribuição corresponde à atribuição de destaque relativo, e diferenciado, a temas e atores. Além disso, há graus diferentes de politização, novamente dos temas e dos atores que tomam parte da notícia, respaldados por essas fronteiras. Os exemplos mais claros, nesse caso, talvez sejam o da distribuição das notícias entre as seções de política e de cidades ou entre as de política e de economia (com seus diferentes rótulos) nos jornais impressos diários. Equivale, também, à diferenciação entre o noticiário político e de comportamento nos telejornais e nas revistas semanais de informação.

Quando se trata do que estou chamando de fronteiras externas do noticiário, por sua vez, estamos mais próximos do que é discutido sobre a construção da agenda e a atuação do jornalismo como *gatekeeper*. Agora o foco recai sobre os filtros que definem o que se transforma em notícia, o que é visto como fato noticiável e qual a gramática que organiza rotineiramente os eventos e depoimentos como notícias. Diz respeito também à produção de fatos noticiáveis por agentes externos à mídia, para dar visibilidade a eventos e atores, mas principalmente com o objetivo de controlar as formas assumidas por essa visibilidade. Assim, enquanto as fronteiras internas podem espelhar formas de organização do mundo social que não são aleatórias, elas são o produto da ação cotidiana dos profissionais do jornalismo. As externas, por sua vez, são ao mesmo tempo o efeito do poder dos profissionais do jornalismo, que definem o que e quem adentra "sua" seara, e do trabalho de agentes externos, motivados pelos efeitos que a visibilidade (inclusive a visibilidade negativa ou excessiva) podem ter sobre sua imagem, posição, interesses.

Mas há um terceiro ângulo do qual se pode discutir esses filtros – e que só distingo dos anteriores por razões analíticas. O acesso de temas e atores ao noticiário tem significado e impacto em diversas esferas e redes de relações, que atravessam mas excedem a mídia e o jornalismo. Desse ponto de vista, a sobreposição entre fronteiras externas e internas é o que precisaria ser ressaltado, em vez das distinções entre elas. O que define o impacto não é apenas o acesso à mídia ou ao noticiário, a conquista da visibilidade (as fronteiras externas). Sua variação corresponde, também, aos filtros que definem o trânsito por territórios midiáticos distintos, que hierarquizam e politizam, ou desidratam politicamente, os temas e atores (as fronteiras internas) na medida em que os tornam visíveis – e, nesse sentido específico, públicos.[2]

É sobretudo a relação entre a agenda política e a agenda da mídia, com os atores que as consolidam cotidianamente no campo político e no campo midiático – certamente em meio a disputas, mas também por meio de acomodações –, que está em questão aqui. Desse terceiro ângulo, fronteiras internas e externas são inseparáveis. O acesso (fronteiras externas) é focado em territórios específicos do noticiário (fronteiras internas), impondo-se a partir de significados prévios que incluem ou não o rótulo de políticos. E esse é um terreno escorregadio. Não é possível afirmar que as disputas pela definição do que é visto como politicamente relevante se deem fora da mídia, não é possível afirmar que resultem do discurso midiático. É na interação de longo prazo entre profissionais do jornalismo e atores políticos, alimentada cotidianamente, que essa rotulação se dá. E a inclusão orientada de temas e atores no noticiário é um de seus aspectos centrais nas sociedades contemporâneas.

Os temas se projetam, ao mesmo tempo, a partir da chancela e do esforço dos atores políticos para que tenham destaque, o que inclui o trabalho dos profissionais de comunicação na política e as formas de arregimentação dos jornalistas das notícias (para diferenciá-los das assessorias de imprensa), e da chancela cotidiana dos jornalistas, nos diferentes papéis em que se organiza a produção cotidiana da notícia. O destaque e a localização dos temas no noticiário são inseparáveis do destaque e da localização dos atores políticos no noticiário. Como vem sendo ressaltado por diversos autores, a lógica do jornalismo antecipa a da política e a lógica da política antecipa a do jornalismo, em uma dinâmica de afirmação recíproca (com ênfases e implicações diferentes, essa correlação está presente em Cook, 2005 [1998]; Ettema e Glasser, 1998; Gans, 2004 [1979]; McCombs, 2009 [2004]; Miguel, 2014). O fato de que exista domínio alternado, por parte dos jornalistas e dos atores políticos, sobre as diferentes fases do processo de produção da notícia, apontaria para reciprocidade e dependência, mesmo que também estejam presentes disputas. Acordos, acomodações e antecipações constituem a série "constante mas implícita" de "negociações sobre quem controla a agenda, o que pode ser perguntado, onde e como, e o que pode ser considerado uma resposta adequada" (Cook, 2005 [1998]: 12).

Isso não significa que o *jornalismo* e a *política* estejam em harmonia, mas que um modo de realização do jornalismo e um modo de realização da política nas democracias são complementares. Não significa, também, ausência de disputas. As disputas entre os atores políticos pela definição da agenda – e me refiro aos atores políticos em sentido abrangente, considerando movimentos sociais, por exemplo, e não apenas os atores do campo político em sentido mais restrito – permitiriam observar como os filtros que os meios de comunicação colocam em ação, ao definir os temas e atores que têm acesso ao noticiário, situam-nos, sobretudo, em relação às fronteiras da política, mais do que em relação a partidos políticos específicos. Desse ponto de vista, as disputas entre jornalistas e políticos (que se expressam hoje, sobretudo, no que diz respeito ao controle sobre informações relacionadas a escândalos e ao controle sobre a imagem pública dos políticos e partidos) são menos expressivas do que os acordos fundamentais sobre o que é, o que abrange, onde se faz e quem faz política.

A partir dos três ângulos que aqui definem fronteiras internas, externas e sobrepostas, é possível discutir as formas de acomodação entre as configurações do campo mais restrito da política (concentrado, sobretudo, nas disputas partidárias e nas ações, comportamentos e acordos/desacordos no âmbito do Executivo, do Legislativo e, por último, do Judiciário) e a organização do noticiário. A concentração do noticiário em alguns atores e o insulamento da política nos limites das instituições que constituem os poderes Executivo, Legislativo e, em menor medida, Judiciário produz uma visão da política separada de outras esferas e dinâmicas sociais e, principalmente, distante do cidadão comum. Por isso é que mesmo quando alguns conflitos, como aqueles entre partidos ou entre governo e oposição, dão o tom ao noticiário, há ainda a suspensão de conflitos que podemos entender como mais fundamentais – que correspondem ao elo entre as divisões na esfera da política, em sentido restrito, e as divisões socialmente relevantes.

Um dos principais aspectos da política noticiada é a concentração em alguns poucos atores em detrimento de outros. Um exemplo é a presença escassa no noticiário político de atores que detêm influência ampliada no âmbito do Estado, como os empresários. É significativo que essa ausência se dê ao mesmo tempo que ficam de fora do noticiário atores que representam formas de atuação e, em alguns casos interesses, distintos daqueles que têm assento nos espaços mais restritos da política, como os movimentos sociais. Pesquisa realizada nos anos de 2006 e 2007 mostrou que os empresários eram 3,2% das personagens de política dos principais telejornais brasileiros (*Jornal Nacional*, *Jornal da Band* e *SBT Brasil*), enquanto os movimentos sociais representavam pouco menos de 3% das personagens nos mesmos veículos (Miguel e Biroli, 2011). De modo semelhante, pesquisa sobre o *Jornal Nacional* realizada em 2007 mostrou que o noticiário político se concentra nos atores investidos de cargos e mandatos eletivos sobretudo no âmbito federal, reproduzindo as hierarquias internas da política (Gomes, 2008a). A ausência de empresários corresponde à ausência de elos importantes para o entendimento do exercício diferenciado do poder político e das formas, também diferenciadas, de pressão sobre o Estado e sobre a agenda pública. Significa, também, a ausência de aspectos relevantes para o entendimento de temas que o próprio noticiário destaca, como os escândalos de corrupção. Por outro lado, a ausência dos movimentos sociais pode corresponder ao silêncio sobre tensões que não são exteriores à política. A presença desses atores poderia tornar possível um entendimento mais complexo das posições na política, das relações entre as posições político-partidárias e os conflitos sociais.

A análise da presença-ausência dos atores no noticiário político é uma das formas de abordar quais são os limites dos consensos estabelecidos – no noticiário e no campo político. Em última instância, trata-se de tematizar, a partir desse aspecto específico das representações da política – *quem tem acesso à política* e *quem tem acesso ao noticiário político* –, os limites atuais da própria democracia.

A compreensão da política que atualiza esses filtros, isto é, que naturaliza os critérios para seleção de quem tem visibilidade no noticiário político, é *posicionada*. A visão parcial que assim se define não é enviesada porque dá maior visibilidade a um ou outro partido político. O ponto para o qual chamo a atenção é a reprodução dos limites da pluralidade democrática. Nesse sentido, a atuação partidária da mídia consiste em sua participação na dinâmica de inclusão-exclusão de temas e atores na esfera delimitada como propriamente política. Confirma a permeabilidade seletiva da política a temas e atores, sem tematizá-la. Assim, este que é um problema central à análise crítica da democracia – o problema dos limites ao acesso de temas e atores ao campo político propriamente dito e ao debate público – não é tematizado.

Por isso é possível considerar que há parcialidade no jornalismo mesmo quando não há identificação, ou identificação estável, entre os veículos de comunicação e um partido político ou grupo de interesse específico.

Mas esse partidarismo é efeito de quê? Não advogo, aqui, por análises que restrinjam o noticiário a um efeito do alinhamento entre empresários da comunicação e grupos políticos ou, em sentido mais amplo, entre empresários e *status quo*. Se isso não é uma inverdade, não serve, no entanto, como ponto de chegada para a análise do noticiário, que é em grande medida definido no cotidiano das redações, com base em critérios e valores jornalísticos rotinizados. Por outro lado, o fato de que esses critérios e valores possam ser expressos num corpo de orientações técnico-normativas não suspende seu caráter ideológico. O noticiário é ideológico em pelo menos dois sentidos da noção de ideologia, que são complementares (e que aqui defino a partir de Eagleton, 1997 [1991]: 33, 38): como rede de sentidos que inclui elementos empíricos e normativos, na qual a empiria é definida a partir dos requisitos da normatividade, isto é, na qual os fatos são mobilizados para a confirmação de posições que lhes são prévias e deles independem. E, no segundo sentido, como enunciado que pode ser verdadeiro porque corresponderia à realidade da sociedade presente, mas bloqueia sua transformação. Nessa última definição, "a própria verdade de tal enunciado é também a falsidade de sua negação implícita de que [algo] melhor poderia ser formulado" (Eagleton, 1997 [1991]: 38).

O fato de que o noticiário é feito a partir de escolhas que estão implícitas nas rotinas jornalísticas, ou que seja efeito de uma cultura do jornalismo (Schudson, 2003 [1995]), não diminui seu caráter ideológico e partidário, se entendemos partidarismo e ideologia dessa forma. A acomodação entre o noticiário político e os limites da política, que são traduzidos num modo de funcionamento do campo da política e de delimitação dos temas e atores que a ele têm acesso, é um posicionamento ideológico e não um espelhamento "objetivo".

A aceitação dos limites da política estrutura o noticiário. É complementada, e incentivada, por formas de dependência entre essas esferas. Ainda que tenham existido tensões entre o jornalismo e a política (e entre jornalismo e governo) com a afirmação do jornalismo orientado pela norma e pelo ideal da objetividade, há historicamente uma relação crescente de dependência entre imprensa e governo, seja pelos subsídios à imprensa e concessões de rádio e televisão que se definem nesse contexto (Cook, 2005 [1998]), seja pela dependência dos jornalistas em relação às informações autorizadas e confirmadas a partir das posições institucionais. Se, a partir dessas transformações, não era mais possível que partidos e políticos controlassem diretamente os veículos de comunicação, também não era mais necessário para os políticos investidos de cargos de destaque no governo que esse controle fosse direto: "o acesso das suas visões à grande mídia estava garantido – e protegido contra ataques 'irresponsáveis' – em decorrência da autoridade da sua posição, e não devido a seu partido ou política específicos" (Hallin, 1989: 70).

Há um fluxo de mão dupla, que é complementar, entre o que jornais e jornalistas buscam da política e como os políticos profissionais e os burocratas do alto escalão dos três poderes, mas especialmente do Executivo – por sua vez, acompanhados de seus próprios jornalistas (de sua assessoria de imprensa) – a veem. Acompanhando a análise de Timothy Cook (2005 [1998]), essas escolhas são reproduzidas "naturalmente" porque: (a) os jornalistas compartilham um mesmo repertório, (b) os jornalistas compartilham um número restrito de fórmulas na busca das informações e produção dos textos.

É nesse sentido, e apenas nesse, que penso ser possível entender o jornalismo como um produto de rotinas naturalizadas, mais do que de atitudes políticas (Cook, 2005 [1998]: 71). As rotinas não excluem atitudes políticas, mas as confirmam sem que seja necessária uma atuação identificada como política, isto é, como vinculação explícita ou tácita a partidos políticos ou a posições nas disputas político-eleitorais, por exemplo. As rotinas naturalizadas atualizam concepções políticas que têm, sendo propositadamente circular e redundante, efeitos políticos.

A escolha das fontes é um produto tanto da compreensão da política compartilhada pelos jornalistas (e, em grande parte, entre jornalistas e políticos profissionais) quanto das rotinas jornalísticas mais propriamente ditas (com os repertórios e fórmulas compartilhadas). Os jornalistas recorrem a posições oficiais – a quem está em posição que garantiria a fidedignidade das informações ou, na expressão de Cook (2005 [1998]: 76), "as mesmas pessoas-em-posição-de-saber" –, o que se desdobra em um noticiário bastante homogêneo.

A ocupação de cargos e a posição das fontes nas instituições e organizações, sobretudo governamentais, funcionam, assim, como recurso de autoridade para o próprio jornalismo. Das hierarquias da política, o jornalismo extrai a autoridade de empréstimo, de um lado, e de outro o distanciamento que garantiria sua imparcialidade, uma vez que as razões para ouvir essas fontes seriam óbvias, isto é, seriam sua posição já consagrada – vista como um dado de realidade e não como produto da seleção feita pelos jornalistas.

Essa relação entre jornalistas e políticos (como fontes e personagens do noticiário) é um aspecto importante da acomodação entre a lógica do jornalismo e a lógica da política, mesmo que se considere que as hierarquias e os valores que são próprios a cada um desses campos têm relevância em si. Não exclui disputas, mas *tende rotineiramente à acomodação* pelos motivos aqui elencados – que não abrangem, certamente, todos os incentivos e explicações para essa acomodação, mas são os mais influentes do ponto de vista desta análise:

(1) *há sustentação recíproca das hierarquias em um e outro campo*, isto é, existem correspondências entre a ação eficaz em um e no outro campo, entre o desempenho considerado competente das funções em um e outro campo. O reconhecimento pelos pares, que é uma das facetas da hierarquia interna aos campos, é transpassado, nesse caso, pelas relações entre os dois campos. O repórter que tem as fontes "certas" é uma face dessa atividade, o político que tem sua posição como informante reconhecida é a outra. Ainda que se considerem as tensões (a busca, pelo jornalista, de informações que o político não deseja que se tornem públicas é um exemplo, os conceitos prévios dos jornalistas sobre a competência de políticos e políticas, inclusive sobre suas habilidades comunicativas, podem ser outro exemplo), a lealdade entre uns e outros pode ser explicada por essa sustentação recíproca.

(2) *há sobreposição entre as hierarquias na política e no jornalismo*. A topografia atual da política determina seu tratamento nos noticiários ou, dito de outro modo, os noticiários reverenciam a topografia do poder político, além de serem referenciados por ela. Isso corresponde à naturalização das posições de poder (sobretudo a partir da valorização dos cargos), mas também ao destaque concedido aos temas e "enredos" – das crises políticas ao sucesso na condução de acordos, para dar dois exemplos comuns nos noticiários. Entra nessa sobreposição o espelhamento dos temas. Assim, a exclusão de determinadas temáticas dos debates no Congresso, por exemplo, tem como uma de suas consequências menor chance de que façam parte da agenda jornalística, sobretudo da cobertura política. Considerando que a entrada para o noticiário pode provocar respostas na política, a exclusão dos temas da cobertura pode ser um fator na perpetuação de sua exclusão dos debates no Legislativo ou de reações no Executivo. Isso faz com que a marginalização (de temas e de atores) em um desses campos reforce sua marginalização no outro. A compreensão compartilhada de quem são os atores políticos legítimos organiza o noticiário e define o acesso às janelas de visibilidade (Gomes, 2008a). Esse acesso é, por sua vez, desigualmente distribuído internamente ao noticiário, considerando que temáticas e seções têm pesos diferenciados.

(3) *há compartilhamento de visões sobre aspectos estruturantes da política democrática e sobre os atores, espaços e temas que são politicamente relevantes*, mesmo quando ela não corresponde ao alinhamento com um ou outro partido político. Uma delas consiste na divisão entre políticos e "cidadãos comuns", desdobrada na divisão entre fontes sabidas, competentes para explicar o que ocorre na política, e eleitores

indignados, aos quais se dá no máximo a possibilidade de vocalizar sua indignação, comumente em termos que confirmam sua marginalidade em relação à dinâmica política e seus imperativos. Outra dessas visões consiste na definição dos lugares "certos" do fazer político, desdobrando-se na divisão entre os territórios da política codificada e razoável, distinta dos espaços dos conflitos e manifestações ruidosos e emotivos. E há ainda um terceiro, que é a aceitação de que as temáticas relevantes são sem dúvida aquelas assim definidas nos espaços da política institucional e nos noticiários dos jornais de maior circulação. A circularidade é característica desse compartilhamento.

(4) *há compartilhamento de referências*, no sentido de que os jornais são, para os jornalistas, a referência principal do que se passa no mundo. É deles, e não apenas da experiência direta da política, que jornalistas políticos – mesmo passando horas diariamente no Congresso ou nas salas de imprensa dos ministérios – extraem elementos centrais para sua visão do *que* e de *quem* é politicamente relevante e digno de ser notícia. Recentemente, esse compartilhamento vem sendo aprofundado pelas salas de imprensa, pelas coletivas convocadas sobretudo por órgãos políticos e governamentais, pelo material que as assessorias de imprensa fazem circular, simultaneamente, para diferentes veículos e, de modo diferenciado mas também importante, pelo impacto da internet nas rotinas jornalísticas – sobretudo dos blogs e sites de jornalistas reconhecidos. Mas há, também, um compartilhamento de referências que se deve ao fato de que os jornalistas são, em sua maioria, provenientes dos mesmos extratos socioeconômicos (a classe média branca brasileira, no caso) e têm formação e visão do próprio jornalismo uniformizada pelas faculdades de jornalismo.[3]

A política, nos noticiários, constitui-se, nesse contexto de relações, como o território dos políticos profissionais. Por isso, é possível dizer que seu *topos* são os próprios cargos e posições de poder do campo da política. Há reforço mútuo entre um modo de fazer jornalismo e um modo de fazer política. As diferenças entre os campos e ofícios não se apagam, imperativos e *nomos*[4] são distintos, mas a harmonia se sobrepõe às tensões e disputas. Esse seria um dado louvável se a análise partisse de um ideal da complementaridade entre elementos distintos. Da perspectiva de uma teoria crítica aos limites da pluralidade democrática, no entanto, esse compartilhamento de pressupostos e critérios é problemático.

A seleção dos temas e atores que fazem parte do noticiário produz, assim, um esvaziamento dos conflitos. Não estou ressaltando o fato de que fiquem de fora *análises* dos conflitos sociais e políticos, *interpretações* das conexões entre os conflitos sociais e as posições manifestas no campo da política. Estas estão ausentes em grande medida, sem dúvida. Mas refiro-me aos conflitos sociais e políticos de uma maneira menos elaborada ou, se quisermos, "pré-reflexiva". Estão ausentes os "ruídos" que são parte das relações sociais de poder nas sociedades democráticas, indícios de interesses que não são acomodados facilmente, vestígios dos antagonismos que colocariam em xeque os enquadramentos predominantes na política e no jornalismo.

Também dessa perspectiva, a da desidratação da política pelo esvaziamento dos conflitos, é importante discutir as formas de acomodação entre o noticiário e um modo de organização do campo político. Para afirmar que "o jornalismo político sobrevive do confronto entre partes e partidos" (Motta e Guazina, 2010: 136), considerando o conflito como categoria organizadora do noticiário, é necessário qualificar esse conflito. É preciso analisar os pressupostos compartilhados que estão na base da identificação e hierarquização dos conflitos no noticiário. Uma das maneiras de fazê-lo é justamente observando se tem correspondência, e de que forma, com os conflitos políticos e político-partidários em um dado contexto. É isso, *grosso modo*, o que está presente na noção de "paralelismo político" em Hallin e Mancini (2004), já mencionada, com a qual os autores definem um dos eixos para a análise comparativa dos sistemas de mídia, o grau de espelhamento entre as clivagens no campo da política e no campo da mídia. Um dos problemas nesse tipo de análise e de consideração é que toma os conflitos políticos como correspondentes aos conflitos entre os partidos políticos – ou entre aqueles que concentram maior poder e polarizam a política partidária num dado momento. Isso significaria deixar de lado as "tendências políticas gerais" que não são necessariamente expressas pelos partidos políticos (Hallin e Mancini, 2004: 27). Orientando-se por essa definição um pouco ampliada em relação a uma visão na qual as clivagens correspondem às disputas partidárias, ou às disputas entre governo e oposição, seria preciso considerar se um noticiário concentrado nos ocupantes de cargos no Executivo e no Legislativo[5] é capaz de expressar a totalidade das posições e interesses politicamente relevantes. Quando se amplia um pouco mais essa definição e se considera que a pluralidade envolve posições e interesses sociais que não necessariamente são identificados como "tendências políticas" relevantes, dadas as fronteiras do politicamente legítimo, o problema se torna mais complexo.

Os conflitos presentes no noticiário da chamada "grande imprensa", incluídas aqui as reverberações nos sites e blogs vinculados aos veículos e jornalistas que ocupam posições centrais na mídia brasileira, não ultrapassam as disputas entre os atores políticos já posicionados. As clivagens no noticiário se definem, predominantemente, *em relação aos governos constituídos* e às disputas, ou potenciais disputas, eleitorais (mais do que em relação a tópicos, problemas e políticas). Há, nesse sentido, uma reverência não apenas às hierarquias da política, mas aos conflitos tais como codificados no campo da política – mesmo nos casos em que atores políticos são prejudicados pela visibilidade dos conflitos, como nos escândalos de corrupção, o noticiário reforça enquadramentos que não questionam aspectos estruturais do fazer político e que podem, na realidade, reforçá-los na medida em que definem os escândalos como desvios (Miguel e Coutinho, 2007).

De modo correlato, as disputas orbitam em torno de temas e problemas que resultam dos processos de filtragem que definem a agenda política, no campo político e no midiático. Isso significa que, potencialmente, os temas já identificados como politicamente relevantes, a partir de processos de filtragem vinculados a interesses e que remetem às hierarquias (de atores e temas) constituídas, serão considerados "obviamente" relevantes. Por outro lado, seu acesso ao patamar de tema relevante está ligado, necessariamente, a enquadramentos definidos – a chancela de relevância é um aspecto, os enquadramentos que se associam a ela são outro. A criminalização e condenação social da violência contra as mulheres e o direito ao aborto são dois exemplos de temas que tiveram grande dificuldade de atingir o patamar de relevância político-midiática, no primeiro caso (ainda hoje o primeiro é predominantemente tratado nos espaços dedicados a crime e comportamento), ou que conseguem atingir esse patamar quando são mobilizados em disputas político-eleitorais, como no segundo caso, sendo facilmente dispensado do noticiário político uma vez que os "fatos políticos" que lhes abriram caminho se esgotam.

As disputas no noticiário tendem a girar, assim, em torno de cartas já colocadas sobre a mesa. Correspondem aos limites de uma concepção restrita da política – dos espaços em que se dá, dos temas propriamente políticos e dos atores da política. Por isso, o que aparece como objeto de disputa são cargos e recursos que não são identificados a posições na condução de políticas específicas, a posições ideológicas e/ou a clivagens sociais que excedem as disputas político-partidárias e entre governistas e oposição.

Há pelo menos dois efeitos da restrição dos conflitos a dinâmicas, espaços e atores mencionados. Restritos às dobras internas da política, ou ao cotidiano das disputas político-partidárias, os conflitos presentes na cobertura não pressionam o *modus operandi* da política democrática, sobretudo as formas atuais de concentração de poder. Respaldam a distância entre os políticos e os cidadãos comuns, respaldam os critérios que justificam essa distância e reforçam os obstáculos para que exista de fato alternância entre essas posições.

Algumas das ambiguidades no noticiário são assim acomodadas. É possível defender a maior participação na política, condenando esporadicamente a falta de interesse político dos brasileiros ou o predomínio do autointeresse em detrimento de alguma visão mais nobre da política, ao mesmo tempo que os limites estruturais a uma maior participação são naturalizados. É comum nos noticiários, mas especialmente entre os colunistas políticos, que a defesa da ampliação da participação apareça sob a forma da crítica a uma suposta "apatia do povo" ou desinformação, sem que se toque minimamente no que a produz.

O segundo efeito dessa restrição dos conflitos no noticiário é que, como são limitadas a uma compreensão restrita do que está em jogo na política, as disputas presentes na cobertura noticiosa expõem conflitos esvaziados de seu sentido social. A política nos noticiários é uma rotina de acertos, desacertos, acordos e desacordos que expressam as *subidas e descidas dos políticos*. É, portanto, a narrativa que confirma a política como esfera desligada das divisões socialmente fortes e que têm impacto sobre as oportunidades dos indivíduos (divisões de classe, de gênero, de raça, do acesso a direitos, à renda, à educação, às ocupações valorizadas, à cultura).

Na tipologia definida por Hallin (1989: 117), o noticiário pode ser posicionado predominantemente nas esferas do consenso (dos objetos e temas que não são vistos como controversos) e da controvérsia legítima (chamada pelo autor de "província da objetividade", é esfera das disputas eleitorais e dos debates legislativos). Para Hallin, é nessa segunda esfera que se define o paralelismo político, em graus distintos segundo o contexto e os padrões históricos de relação entre o sistema de mídia e a política.

É, por outro lado, raro que o noticiário adentre a esfera do desvio, "o âmbito dos atores e visões políticas que os jornalistas e os políticos das correntes hegemônicas da sociedade rejeitam como destituídos de valor suficiente para serem ouvidos" (Hallin, 1989: 117). O jornalismo pode ser considerado, nesse sentido, como um regulador da pluralidade política e social. Seu papel seria, como sugere Hallin, não o de expor os conflitos, mas o de "excluir da agenda pública aqueles que violam ou desafiam os consensos políticos", demarcando "os limites do conflito político aceitável" (Hallin, 1989: 117).

Como os limites do consenso político aceitável são permanentemente definidos, reforçados e redesenhados, é possível afirmar que o jornalismo exerce um papel de gestor de consensos. Sua centralidade na reprodução e difusão de representações da política advém do fato conhecido de que a maior parte da população tem acesso à política institucional, sobretudo em nível nacional, pelos meios de comunicação. Mas seu lugar é especial em relação aos agentes políticos. E isso não se deve apenas à capacidade de difusão ampla dessas representações – possível para os agentes políticos de diferentes maneiras, que vão da militância convencional a seu alargamento pelo recurso à internet e a outras formas de comunicação com potencialidade de atingir um público amplo e diferenciado. Seu diferencial se deve, também e sobretudo, à sua condição de suposta transcendência em relação às partes em disputa na política. É seu caráter transcendente em relação à política que permitiria que o jornalismo a representasse de uma perspectiva moralmente livre – das parcialidades, das picuinhas, do discurso enviesado e autointeressado.

Nesse sentido, e diferentemente do que afirmam Hallin e Mancini, a correspondência entre paralelismo político e um jornalismo de "estilo" mais propriamente político (Hallin e Mancini, 2004: 29), isto é, político-partidário, não é necessária. Ampliando a noção de paralelismo político para que ela envolva o alinhamento a concepções posicionadas da política, no sentido aqui definido, é possível pensar em um jornalismo orientado pela norma e ideal da objetividade (que não assume um estilo discursivo político-partidário), mas que tem atuação política fundamental na definição dos limites da controvérsia, mobilizando uma visão parcial e orientada do que é politicamente relevante e razoável.

Uma das características do jornalismo assim configurado é que conflitos sociais que estão diretamente relacionados às formas de concentração de poder e de distribuição de recursos (simbólicos e materiais) não são mencionados ou aparecem como uma espécie de sombra indesejável, que acaba servindo para reforçar os limites legítimos da política – ou, dizendo de outro modo, as regras do jogo atualmente reverenciadas. Cabe-lhes o silêncio ou a estigmatização – de temas, atores e formas de ação política.

O tratamento dado à pobreza e à questão social pelos partidos políticos e pelos noticiários contemporaneamente, no Brasil, é um exemplo bastante característico. Como objeto de preocupação que é, supostamente, compartilhada pelos diferentes atores, a pobreza aparece esvaziada dos conflitos que são parte das desigualdades sociais. Como gestor de consensos, o jornalismo mobiliza o tema se e quando ele pode aparecer como objeto de preocupação comum, que não distingue posições. Além disso, e numa visão eivada de preconceitos, a pobreza tem sido tematizada também como forma de distinguir entre comportamento eleitoral moralmente orientado e comportamento eleitoral corrompido (Biroli e Mantovani, 2010).

Mais antigo nos noticiários, o tratamento concedido à reforma agrária e aos movimentos de trabalhadores sem terra é um exemplo da correlação entre o grau dos confrontos "suportado" pelo noticiário da mídia de grande circulação, as fronteiras da política nesse mesmo noticiário e a afirmação de tópicos e atores politicamente legítimos. A cobertura oscila entre o silêncio e a estigmatização do movimento (Berger, 2003; Intervozes, 2011). Há, aqui, um exemplo das dificuldades para a inclusão na agenda midiática, na medida em que a marginalidade atual, de acordo com os sentidos já definidos e cristalizados no noticiário, tende a reduzir as chances de que a inclusão do tema esteja associada a um enquadramento alternativo, a um enquadramento elaborado a partir dos interesses dos movimentos sociais (Prudencio, 2010).

Concentração de poder e justiça social não são problemas privilegiados pelos enquadramentos assumidos na cobertura política. Não são norteadores das compreensões da política e da avaliação das instituições e do comportamento políticos dos atores. Tomados como problemas, nesse sentido, poderiam desorganizar ou reorganizar os limites da política, alçados a pressupostos normativos e empíricos para sua compreensão e avaliação. Os obstáculos que as disparidades de poder, disparidades de representação e influência entre os grupos sociais, disparidades em autonomia, peso e oportunidade para vocalizar interesses, colocam para a democracia poderiam ser tematizados. O conflito que se tornaria visível seria, então, diverso em grau e em qualidade das disputas que hoje organizam o noticiário.

As hipóteses e orientações aqui consolidadas indicam uma agenda de pesquisas sobre os mecanismos que definem os limites da política democrática nos noticiários. A principal preocupação é expor a dinâmica de naturalização das hierarquias internas ao campo da política, com os filtros que orientam e selecionam atores e temas que seriam pertinentes ao campo da política e ao debate político.

Por meio desses mecanismos de seleção, o jornalismo desempenha seu papel de gestor de consensos. Não se trata de mediação entre partes ou posições, mas de uma atuação política que define um denominador comum – que impõe limites e controles – às posições dos grupos ou partidos políticos em disputa em um dado momento. Em outras palavras, colabora para definir o que está em disputa ou o que *pode* estar legitimamente em disputa. Em alguns contextos, isso pode corresponder a aplainar as diferenças entre grupos políticos, em outros pode corresponder à demarcação de uma alteridade absoluta, que permite estigmatizar alguma(s) das partes em disputa. Para indicar exemplos restritos à cobertura eleitoral no Brasil, o aplainamento foi predominante na eleição presidencial de 2002, em que a mídia procurou extrair compromissos dos candidatos, levando-os a situar-se de maneira semelhante em relação a temáticas consideradas centrais naquele momento (Miguel, 2003), enquanto a demarcação da alteridade foi predominante na construção da imagem dos candidatos pela mídia em 1989 (Kucinski, 1998). A presença de discursos "consensuais" – e em muitos sentidos diluídos – sobre a pobreza e as desigualdades no debate público brasileiro, não permitindo uma identificação clara e distinta entre os grupos ou partidos políticos e sua adesão a políticas distributivas, também pode ser resultante desse tipo de atuação dos meios de comunicação no Brasil: definem-se os limites dos valores que seriam, e deveriam ser, legitimamente compartilhados, sem expor de maneira clara em que âmbito, além do cotidiano das disputas por cargos, se definem os conflitos e as diferenças entre os atores políticos. De todo modo, o capítulo procurou avançar hipóteses e reforçar orientações para uma agenda de pesquisa que leva em conta a relação entre jornalismo, consenso e conflito, e que certamente demandará complementos e redefinições a partir da análise de situações e interações concretas e determinadas.

Vale ressaltar que a gestão de consensos não se limita às disputas eleitorais. Colabora para delimitar o leque e âmbito dos conflitos entre grupos e partidos políticos distintos, definindo quais são os conflitos que merecem visibilidade – inclusive negativamente. Além disso, estabelece pontos de contato entre políticos e expectadores da política ao fornecer o fundo comum das narrativas sobre a política, isto é, dos julgamentos e valores que estão em sua base. Nesse sentido, ultrapassa as elites políticas e atua na tessitura das relações entre elas e os "cidadãos comuns". Esse pode ser um dos caminhos para se pensar o impacto do partidarismo do noticiário, no sentido aqui tratado, na formação das preferências dos indivíduos. Ele corresponde, sobretudo, à atuação rotineira do jornalismo na definição dos pressupostos sobre a política a partir dos quais esses indivíduos poderão decidir seu voto ou mesmo imaginar possibilidades alternativas de atuação política. A complexidade da formação das preferências e o fato de que os meios de comunicação não exercem influência de modo uniforme ou isolado não reduzem sua centralidade (ver capítulo "Meios de comunicação, preferências e voto no Brasil").

Nos noticiários, os discursos que organizam as categorias por meio das quais a realidade é apreendida e significada estão baseados em pressupostos naturalizados, que não aparecem como problemas ou tópicos que merecem análise. Ativam consensos previamente estabelecidos na medida em que noticiam julgamentos e valores como se fossem "simples fatos" da política.

A participação da mídia na construção da hegemonia, em sociedades complexas, pode ser pensada nesse sentido. Mais do que a capacidade de indicar em quem votar, por exemplo, a mídia comercial continua a ter um papel relevante na legitimação de um modo de compreender a política. Respalda as hierarquias entre atores, temas e problemas, dentro da política ou na construção das fronteiras entre o que é e o que não é entendido como propriamente político.

O poder que está na base do controle do jornalismo profissional é, nesse sentido, exercido rotineiramente. Tomando de empréstimo as palavras de Daniel Hallin, frequentemente esse poder simplesmente não tem que assumir a forma de recursos de autoridade: os mecanismos que mantêm o controle e o "consenso" são suficientemente fortes para que a mídia não tenha que entrar em conflito com outras instituições políticas estabelecidas (Hallin, 1989: 25). O foco, nesse caso, não recai sobre o conflito com atores, mas com as instituições como realidades simbólicas e normativas.

O conflito circunstancial com atores políticos pode, assim, coincidir com a acomodação com a "política real". O primeiro pode ser tomado como a expressão da relativa autonomia do jornalismo em relação aos atores e às posições parciais na política. Mas é preciso que seja visto em conjunto com o segundo, isto é, com o que pode ser pensado como um compromisso de caráter mais estrutural. A parcialidade corresponde a uma atuação que *objetiva uma política,* que colabora para *realizar* um modo de configuração da política – e, se quisermos avançar no impacto dessa colaboração, para limitar o debate sobre conformações alternativas das instituições democráticas.

NOTAS

[1] Para uma discussão que procura justamente fazer a crítica do reducionismo nas análises da mídia e da política, com enfoque para o impacto da mídia na produção das preferências políticas, ver o primeiro capítulo.
[2] A definição de Wilson Gomes (2004: 247) para "imagem pública" pode nos auxiliar, aqui, a evitar compreensões equivocadas do que entendemos como visibilidade de temas e atores: essa visibilidade não é fato visual, "mas um fato cognitivo, conceitual". Está, assim, constitutivamente imbuída de conceitos, valores, redes de inferências que retomam sentidos e os reforçam potencialmente.
[3] As longas rotinas e a convivência, inclusive devido a elas, no tempo em que estão fora da redação (os grupos ocupacionais funcionam também como redes de relações pessoais e mesmo afetivas) são também um elemento que precisa ser considerado quando se trata do compartilhamento de referências – que ultrapassam as referências propriamente políticas e incluem atividades e gostos culturais, orientações de caráter moral, concepções de vida em sentido amplo. Além disso, vale ressaltar o fato de que a alta circulação dos profissionais por diferentes veículos, assim como a "setorização" que tem como um de seus efeitos o encontro rotineiro nas salas de imprensa, levam a uma convivência entre os jornalistas que pode ser mais definidora das lealdades do que as disputas entre os veículos (por exemplo, as disputas pelo furo ou por outras formas de distinção entre as coberturas dos veículos). O impacto de cada uma dessas formas de compartilhamento teria que ser analisado por meio de pesquisas empíricas.
[4] Utilizo *"nomos"* aqui para me referir a regras arbitrárias que são assumidas como se fossem da ordem da natureza ou da necessidade (Bourdieu, 2005 [1998]: 22).
[5] Concentração presente no noticiário dos veículos de grande público no Brasil, como dito anteriormente e como indicam pesquisas já mencionadas.

A REPRODUÇÃO DOS ESTEREÓTIPOS NO DISCURSO JORNALÍSTICO

Flávia Biroli

Estereótipos e mídia aparecem juntos em muitas análises e comentários sobre o funcionamento da mídia nas sociedades contemporâneas. Mas é comum que não exista mais, nesse caso, do que coabitação, isto é, que sua presença simultânea nas análises não corresponda a um esforço para estabelecer uma relação entre os termos e, sobretudo, para esclarecer de que natureza é essa relação.

O entendimento do que define os estereótipos e de como circulam e produzem efeito pode ser, nesse caso, um desdobramento da compreensão que se tem do funcionamento dos meios de comunicação. Assim, se esses últimos são vistos como responsáveis por um ambiente comunicativo rico, em que informações e visões de mundo diversas e conflitantes passam a fazer parte da vivência dos indivíduos, eles trabalhariam, em linhas gerais, *contra* a manutenção dos estereótipos. Mas se os meios de comunicação são vistos como instrumentos de uma ordem social desigual, reproduzindo informações e visões homogêneas que confirmam as perspectivas dominantes, eles poderão ser vistos como propagadores privilegiados dos estereótipos. Trabalhariam, nesse caso, *a favor* da reprodução de estereótipos que justificam ou são uma espécie de "caldo de cultura" da própria dominação.

Não pretendo aqui mapear a menção aos estereótipos em análises de mídia que não são propriamente voltadas para o problema da relação entre mídia, estereótipos e exercícios de poder. Mas é útil caminhar um pouco, ainda, com a distinção feita acima, sobretudo porque ela nos permite expor brevemente uma compreensão dual, em que o foco está na superação dos estereótipos *ou* na sua reprodução.

A primeira das duas visões pode ser associada, historicamente, à correspondência entre conhecimento e razão. As informações, e melhor dizendo, a multiplicação das informações – e das opiniões – disponíveis seriam a base para a superação dos preconceitos associados aos estereótipos. Haveria uma correlação positiva entre a quantidade e a variedade das informações disponíveis e a possibilidade de superação das visões distorcidas ou estereotípicas da vida social. De maneira pouco sistemática, seria possível estabelecer conexões entre essa compreensão e debates clássicos que associam a livre circulação de ideias e opiniões ao avanço em direção à verdade (pode-se pensar no *Areopagítica*, de John Milton, de 1644, ou no *Sobre a liberdade*, de John Stuart Mill, publicado pela primeira vez em 1859). Mas essa ponte não expressa parte importante do que estaria presente nas análises contemporâneas: os avanços técnicos são vistos como um fator central à ampliação das informações disponíveis. Eles teriam modificado não apenas a quantidade, mas também a qualidade das interações e das formas de sociabilidade na medida em que permitem o contato dos indivíduos, a partir de sua situação e contexto, com uma gama ampla e múltipla de realidades e vivências.

No campo dos estudos de mídia, as análises de Joshua Meyrowitz (1985) sobre o impacto dos meios de comunicação para a sociabilidade contemporânea podem ser consideradas representativas desse entendimento. Para ele, a difusão massiva permitida pelos avanços técnicos ampliaria, potencialmente, o acesso a imagens e valores diferentes daqueles que organizam o ambiente presencial dos indivíduos. E isso se daria, até certo ponto, independentemente de quais são os conteúdos veiculados. A comunicação mediatizada, mais do que a interpessoal, colocaria os indivíduos em contato com opiniões e experiências diferentes das suas (Mutz e Martin, 2001), permitindo o compartilhamento de referências alternativas para a compreensão de seu papel social. Nesse argumento, as transformações que se dão com o advento da mídia eletrônica correspondem a transformações nos papéis sociais. A fusão de "mundos informacionais" diferentes encorajaria, entre outras coisas, formas mais igualitárias de interação (Meyrowitz, 1985: 64), incidindo diretamente sobre as identidades de grupo, as formas e etapas de socialização e as hierarquias.

Na segunda das visões aqui consideradas sobre a relação entre mídia e estereótipos, aquela que destaca o papel dos meios de comunicação de massa como propagadores dos estereótipos, o que ganha saliência é, diferentemente, a relação entre a mídia e o exercício da dominação, ou entre a comunicação midiatizada e a reprodução da hegemonia. Os estereótipos aparecem como uma dimensão da imposição, pelos grupos e estratos de grupos dominantes, de sua visão de mundo. E a mídia aparece como um instrumento central de sua propagação. Nesse caso, a relação entre conhecimento e superação dos preconceitos fica comprometida pelo fato de que o controle das informações e mesmo a *produção* da verdade (do que é assim apresentado e poderá ser assim percebido) estão no centro da dinâmica de dominação. Um de seus aspectos é a propagação de representações unilaterais e homogêneas da realidade, apresentadas como sendo a própria realidade ou o que importa dela. Também aqui, pode-se remeter à tradição liberal, mas de outra perspectiva: é a relação entre verdade e opinião que faz da primeira o objeto das disputas (Nascimento, 1989). A disputa ideológica corresponderia, então, justamente a uma disputa por definir o que é a verdade em um contexto em que existe diversidade de opiniões e informações. Por isso, seu sucesso depende da transformação de opiniões "parciais" em representações "universais" e supostamente unitárias da realidade.

O fato de que a mídia coloca em circulação um grande número de informações é, portanto, insuficiente para que se afirme que potencializa uma constelação plural de representações da vida social. É insuficiente, também, para que se estabeleça um vínculo direto entre disponibilidade de informações e superação dos preconceitos e estereótipos relacionados a grupos sociais específicos. É preciso avaliar a partir de que perspectivas sociais são selecionadas as informações relevantes, em que representações (parciais) da realidade elas ganham sentido. Os estereótipos não são, necessariamente, uma peça-chave nas análises da mídia assim orientadas. Mas a visão tipificada da realidade social, e em especial os estereótipos dos grupos e indivíduos desigualmente posicionados em uma dada ordem social, participaria da naturalização dos arranjos e hierarquias existentes e da contenção da crítica a eles.

Assim, a mídia difundiria os estereótipos e, dada sua centralidade na construção do ambiente social contemporâneo, colaboraria para sua naturalização, confirmando cotidianamente determinadas visões de mundo em detrimento de outras. Parte ampla da crítica feminista aos vieses de gênero na mídia pode ser considerada um exemplo dessa visão. Isso se dá, sobretudo, quando as análises enfocam a naturalização do pertencimento da mulher à esfera privada e dos arranjos familiares que o justificam e reforçam,[1] assim como o destaque dado ao corpo e à aparência física das mulheres.[2] Mas é possível, também, associar a essa vertente análises voltadas para problemas de outra ordem, como o impacto da socialização dos jornalistas dentro e fora das redações para a percepção que têm do que é notícia, de quais atores merecem ser ouvidos na cobertura noticiosa, e a que atividades e competências esses atores estão associados.[3]

É necessário ressaltar que a mídia é importante para as duas visões aqui indicadas – o pressuposto de que a mídia tem um papel na superação dos estereótipos e de que tem um papel na sua reprodução e naturalização a coloca, igualmente, numa posição-chave nas disputas pela representação do mundo social. Mas isso não significa que as análises avancem, necessariamente, na reflexão sobre a dinâmica social de produção e reprodução dos estereótipos e sobre sua relação com o funcionamento dos meios de comunicação.

Este capítulo procura justamente contribuir para que essa reflexão avance. Ele foi suscitado por pesquisas empíricas sobre a presença de mulheres no noticiário político e está, como tal, geneticamente ligado à problemática dos estereótipos de gênero.[4] Há aqui, no entanto, um esforço para discutir a relação entre mídia e estereótipos sem focar, especificamente, no gênero – ainda que as questões que o concernem continuem a fornecer exemplos que são relevantes para a sustentação dos argumentos apresentados. A ideia é que a análise colabore também para estudos que tratem de outros aspectos da relação entre mídia e estereótipos, considerando grupos sociais diversos ou questões mais amplas, relativas à definição da agenda e dos enquadramentos no jornalismo.

Pelos caminhos até agora indicados nesta introdução, e que serão desdobrados em seguida, chegamos a um argumento central: parece necessário colocar em suspenso a dualidade entre mídia/superação dos estereótipos e mídia/propagação dos estereótipos, para que seja possível chegar a uma forma mais complexa e matizada de compreensão da relação entre mídia, estereótipos e exercícios de poder.

Para avançar na reflexão, a discussão sobre o conceito de estereótipos deve levar em consideração seu potencial de interpelação, isto é, sua participação na constituição das identidades dos indivíduos e dos grupos. Assim, em primeiro lugar, procuramos considerar – e afastar – um entendimento que reduz os estereótipos a distorção, falsidade ou irrealidade. Essa posição nos leva, então, a considerar os estereótipos como categorias simplificadoras ou atalhos cognitivos *que participam dos exercícios de poder*. Mas, também aqui, foi preciso considerar matizes. A relação entre estereótipos e opressão não está, como será visto, livre de ambiguidades.

Uma das compreensões correntes na literatura define os estereótipos como dispositivos cognitivos que facilitam o acesso a novas situações e informações. São simplificações que permitem a previsibilidade (Newman, 1975: 207). Equivalem a padrões que correspondem às expectativas normativas sobre os comportamentos dos atores numa dada sociedade e, nesse sentido, remetem diretamente aos papéis socialmente definidos (Goffman, 2008 [1963]). Consistem, portanto, em categorias que estabelecem padrões de aproximação e de julgamento, orientando a leitura do que é ou se apresenta como novo a partir de referências prévias. É nesse sentido que reduziriam a complexidade das interações concretas, contribuindo para ampliar o grau de previsibilidade nas novas interações: fundados em simplificações, os estereótipos diminuem as variações e matizes presentes nas trajetórias e comportamentos individuais, que se definem e se explicitam em interações e contextos sociais específicos.

Há diferenças significativas entre o entendimento dos estereótipos como esquemas *simplificadores* e sua definição como *representações falsas* da realidade. O entendimento dos estereótipos como distorção e falsidade pressupõe que exista uma fronteira bem delineada entre a estereotipia e a própria realidade. Isto é, as simplificações colocadas em curso pelos estereótipos estariam em contradição com a realidade de fato, que aqui poderíamos tomar, provisoriamente, como algo equivalente à vivência concreta dos indivíduos e grupos sociais quando afastada de imagens equivocadas. Dito de outra forma, entender que os estereótipos são distorções equivale a vê-los como uma espécie de nuvem de fumaça que impede o acesso à realidade, mas que, ainda que fique impregnada por algum tempo aos objetos, poderá ser afastada.

Quando se entende, diferentemente, que os estereótipos estão na base das representações da realidade que são internalizadas pelos indivíduos, orientando suas ações, a fronteira entre o falseamento e a realidade se torna no mínimo mais complexa. Mesmo que eles estejam fundados em padrões normativos considerados, de uma posição dada, desvantajosos para aqueles que são tipificados, eles não são exteriores à vivência concreta dos indivíduos. E ainda que sejam fantasias ou simplificações equivocadas – "as mulheres são maternais" –, podem estar na base das identidades e dos papéis sociais e, portanto, constituir uma realidade bastante palpável e que tem impacto sobre o modo como as relações afetivas e de poder se organizam. Os estereótipos têm caráter produtivo, naturalizando e realizando valores e julgamentos.

Nesse sentido, seria preciso considerar que os estereótipos não correspondem a representações posteriores à dinâmica em que as identidades sociais se definem. Eles não poderiam, portanto, ser reduzidos a um fenômeno que deturpa modos de ser (caráter, personalidade, disposições individuais) que existiriam de maneira prévia porque são, eles mesmos, parte dos processos sociais de definição de papéis e reprodução dos valores. Os estereótipos participam da dinâmica social na qual se definem caráter, personalidade e disposições individuais.

A vivência das relações sociais fornece os recursos para a construção das identidades e os estereótipos fazem parte da dinâmica complexa de codificação dos papéis e comportamentos. Considerando que mesmo a atividade mental – individual – só existe como "orientação social de caráter apreciativo" (Bakhtin, 1995 [1929]: 114), isto é, tem as interações sociais como sua matéria, a oposição entre as representações sociais (incluídos aqui os estereótipos) e as identidades concretas de indivíduos e grupos não se sustenta.

Para Tessa Perkins, argumentar que os estereótipos são falsos equivale a argumentar que definições socialmente aceitas dos sujeitos não têm efeito sobre eles, isto é, não têm impacto no modo como, *concretamente*, percebem a si mesmos e interagem com outros indivíduos. Para ela, é mais adequado entender os estereótipos como uma "combinação de validade e distorção" (Perkins apud Seiter, 1986: 66). Em outras palavras, não existe necessariamente uma oposição entre as distorções que os estereótipos envolvem e o modo como as experiências dos indivíduos se organizam concreta e efetivamente. Se há tensões, essas devem ser entendidas como parte das continuidades entre os estereótipos e as interações sociais concretas, nas quais as distorções tomam a forma de interpelações para que os indivíduos ajam de uma determinada forma ou enquadrem o próprio comportamento, e os comportamentos dos outros, nos esquemas fornecidos pelos padrões estereotípicos.

Estereótipos e realidade alimentam-se um do outro, confirmando papéis, comportamentos e valores socialmente produzidos. Para voltar aos exemplos de gênero, a análise crítica de estereótipos que vinculam a "natureza" da mulher a determinados espaços, como a casa, e a atividades específicas, como o cuidado com os filhos e outros familiares, pode ter como estratégia a demonstração da falsidade desses estereótipos – mostrando, por exemplo, como a experiência efetiva de muitas mulheres não coincide com eles. Mas, para que seja produtiva, teria que considerar por que razão há, também, identificação.

Um caminho é, portanto, considerar que os estereótipos não são capazes de dar sentido à totalidade das experiências, mas funcionam como uma *interpelação concreta* para que os indivíduos e grupos (no exemplo dado, as mulheres), a cada geração, orientem seu comportamento de acordo com esses padrões, confirmando as habilidades aí envolvidas.[5] Internalizadas, as imagens estereotípicas produzem padrões reais de comportamento que confirmam, potencialmente, os estereótipos. Estes passam, assim, a coincidir com aspectos constatados e verificáveis da realidade. O conflito dos indivíduos com os papéis que são chamados a desempenhar pode aparecer, então, como um desvio, em vez de ser tomado como confirmação de que a realidade é mais complexa do que a tipificação.

O impacto dos estereótipos na conformação das identidades depende, nesse caso, de que diferentes indivíduos sejam identificados e valorizados numa escala comum de valores. As caracterizações e julgamentos são relativos, constroem-se em contextos sociais concretos e estão fundados em valores que se pretendem universais ou, ao menos, amplamente compartilhados – com base neles, definem-se, concomitantemente, norma e desvio. Além de ser "viciada", a relação entre estereótipos e realidade está ligada, assim, aos exercícios do poder, com graus variados de institucionalização, que impõem ônus e desvantagens materiais e simbólicos a alguns grupos sociais. A reprodução dos estereótipos pode estar relacionada a formas de opressão que reforçam "constrangimentos e barreiras cotidianas que agem sobre certos grupos" (Young, 1990: 54). Não se esgota no reforço a presunções, hábitos e comportamentos, mas pode favorecer a reprodução "das condições materiais e ideológicas que tornam a vida mais fácil, proporcionam mais oportunidades reais e estabelecem a prioridade do ponto de vista dos homens brancos heterossexuais" (Young, 1990: 197).

Os estereótipos são mobilizados nas práticas que definem cada uma das faces da opressão consideradas por Iris Marin Young (1990: 48-63).[6] A atribuição de capacidade diferenciada para o exercício de determinadas funções, dependendo do sexo, da cor, da origem social ou nacional dos indivíduos, as formas de dominação cultural, assim como a vulnerabilidade de alguns grupos à violência – aspectos certamente distintos da opressão, mas que podem sobrepor-se – são situações em que a compreensão estereotipada dos grupos sociais tem efeitos concretos sobre as oportunidades e restrições por eles experimentadas. A relação entre as duas últimas, dominação cultural e vulnerabilidade à violência, é particularmente interessante para essa discussão.

O "imperialismo cultural", como o define a autora, corresponde à promoção dos significados dominantes numa sociedade, tornando alguns grupos ao mesmo tempo invisíveis e estereotipados. A invisibilidade está relacionada ao fato de que suas perspectivas sociais são silenciadas. Aparecem pela ótica de outros grupos, em estereótipos que os "confinam a uma natureza que é frequentemente vinculada de algum modo aos seus corpos" e que é difícil de ser contestada:

> Esses estereótipos permeiam a sociedade de um modo que faz com que não sejam percebidos como algo que pode ser questionado. Assim como todos sabem que a terra gira em torno do sol, todos sabem que os gays são promíscuos, que os índios são alcoólatras e que as mulheres são boas com as crianças. Homens brancos, por outro lado, por escaparem das marcas de grupo, podem ser indivíduos. (Young, 1990: 59)

A relação entre essas marcas e a vulnerabilidade à violência é, como se disse, significativa. Para a autora, o que torna a violência uma das faces da opressão não são atos particulares, mas um contexto social que a torna possível e aceitável. A construção da identidade estereotipada de determinados grupos sociais faz com que a violência contra eles seja tolerável e se torne uma "possibilidade constante no horizonte da imaginação social" (Young, 1990: 62-3).

Alguns fatores precisam ser considerados na análise dos estereótipos: (a) a relação entre estereótipos, formas específicas de autoridade e hierarquias existentes em um dado contexto social; (b) a relação entre estereótipos, constrangimentos seletivos (que se impõem a alguns grupos, e não a outros) e violência focada em indivíduos com perfis definidos; (c) a capacidade que os diferentes grupos têm de fazer circular, e mesmo de institucionalizar, estereótipos em discursos que confirmam padrões morais de julgamento.

O foco se volta, assim, para a compreensão de como, e em que circunstâncias, o caráter facilitador e simplificador dos estereótipos coincide com formas opressivas de rotulação e de diferenciação entre padrões normais e desviantes. Fatores como simplicidade, reconhecimento imediato e referência implícita a consensos presumidos sobre os atributos de indivíduos e grupos (Perkins apud Seiter, 1986: 66), que constituem os estereótipos, têm seu sentido definido em relações de poder concretas.

Os estereótipos contribuem para a produção, conflitiva e simultânea, da identificação por outros, da distinção e da identidade. Podem, assim, confirmar e reproduzir vantagens, desvantagens e vulnerabilidades, expressas em posições de poder relativas. Ainda que estereótipos, preconceitos e formas de discriminação não possam ser tomados como um único fenômeno,[7] há um *continuum* entre uns e outros na produção social das identidades tipificadas dos grupos e indivíduos. Nesse sentido,

> os estereótipos podem promover a discriminação, influenciando sistematicamente as percepções, interpretações e julgamentos, mas podem também derivar de e ser reforçados por formas de discriminação, justificando disparidades entre os grupos sociais (Dovidio et al., 2010: 7).

Consideramos, assim, que os estereótipos são artefatos morais e ideológicos que têm impacto para a reprodução das relações de poder. Neles, o caráter moral dos valores e julgamentos está atrelado aos dispositivos ideológicos de legitimação de papéis e posições em uma dada ordem social. Os estereótipos correspondem à definição do outro e do contexto em que as relações se travam em termos de expectativas sociais padronizadas que, por sua vez, pressupõem valores. O próprio conceito de papel social pode ser entendido como um conceito moral, no sentido de que envolve atributos, direitos e deveres determinados; a noção de desvio é, igualmente, uma ideia moral (Newman, 1975: 209-10).

Mas se é possível sustentar sem maiores ressalvas o caráter moral dos estereótipos, destacando sua relação com valores socialmente compartilhados e seu papel na distinção entre padrões legítimos e desviantes, entre comportamentos e traços apreciados e desvalorizados, é preciso ter mais cuidado ao defini-los como artefatos ideológicos.

Uma primeira alternativa, nesse ponto, seria afirmar que são ideológicos *porque* equivalem a formas de codificação da realidade que colaboram para legitimar a ordem social vigente, ou alguns dos seus aspectos. O problema é que essa afirmação poderia levar ao entendimento de que os estereótipos são mobilizados apenas por quem está em posição social vantajosa, contra ou em desfavor daqueles que são mais vulneráveis socialmente. Parece-nos, diferentemente, que podem ser mobilizados também como uma espécie de contraface do exercício continuado do poder. Ainda que a eles não corresponda uma crítica consistente às bases da dominação, sua existência nos leva a reconhecer que os significados atribuídos às relações e aos papéis variam e não reproduzem, necessariamente, a posição de poder objetiva dos grupos. Para tomar dois exemplos conhecidos e mesmo banais, o machão ignorante e incapaz de fazer valer a autoridade que propagandeia e o americano sem sofisticação e conhecimento estão nas piadas e mesmo nos programas humorísticos televisivos. O político ladrão é tão comum, como tipo que habita comentários, críticas cotidianas e piadas, quanto são raras ou restritas as críticas às bases da concentração do poder nos regimes democráticos, mas não deixa de ser, igualmente, um índice de que a subversão das hierarquias faz parte da dinâmica de produção e reprodução social dos estereótipos.

Podemos ampliar, então, a definição da relação entre estereótipos e poder. Os estereótipos remetem às relações de poder, mas em diferentes sentidos: confirmando-as ou demonstrando que as perspectivas daqueles em posição de desvantagem podem não coincidir com as dos poderosos. Considerar os estereótipos desse prisma significa chamar a atenção não apenas para as redes de poder que produzem valores e identidades segundo sua gramática, isto é, segundo a gramática da própria opressão, mas também para as fissuras existentes nas relações de dominação, com a observação das práticas e dos discursos elaborados por aqueles que estão em situação de desvantagem.

Existem, assim, tensões e contradições entre os discursos elaborados pelos dominantes, que são publicamente dispostos como o entendimento legítimo das relações de poder, e aqueles que são produzidos pelos subordinados em espaços sociais restritos e relativamente independentes, nos quais estão protegidos do olhar daqueles que lhes são hierarquicamente superiores (Scott, 1990). Essas tensões podem ser a base para o questionamento da noção de falsa consciência, expondo o convívio entre o exercício do poder e a subversão, a dissidência e a produção e circulação de discursos alternativos, isto é, que não fazem parte do repertório dos sentidos que respaldam as relações de opressão.[8]

Para o problema aqui discutido, das relações entre estereótipos, mídia e exercícios de poder, essa análise remete a pelo menos uma questão que nos parece fundamental: a mídia de grande circulação tem impacto para a compreensão da realidade pelo público, mas não contém todos os discursos socialmente relevantes em um dado momento. Mesmo que se pudesse, hipoteticamente, trabalhar com a ideia de que todo o discurso midiático converge na propagação de alguns estereótipos, desvantajosos para determinados indivíduos e grupos, haveria ainda outros discursos, possivelmente com tipificações alternativas, em outros circuitos de comunicação. E isso leva a supor que as contradições existem mesmo quando o discurso midiático estiver internamente livre delas.

O que torna complexa a análise, no entanto, é que é preciso considerar, de um lado, as fissuras dos discursos hegemônicos e, de outro, as condições desiguais para sua produção e circulação. Considerar apenas uma dessas realidades pode levar a uma compreensão equivocada de como os estereótipos se reproduzem. Os recursos para fazer circular os discursos e para posicioná-los e atribuir-lhes peso social não estão igualmente disponíveis a ricos e pobres, homens e mulheres, negros e brancos. Alguns grupos sociais, ou segmentos desses grupos, detêm os meios para divulgar ampla e positivamente seus valores e marcar negativamente outros grupos ou coibir a propagação de outros valores. Se, como mencionamos há pouco, a mídia de grande circulação não contém todos os discursos socialmente relevantes em um dado contexto, não é possível deixar de lado o fato de que os discursos que ela faz circular têm, potencialmente, um peso maior do que aqueles que são produzidos em outros espaços – no âmbito de comunidades localizadas ou da internet, remetendo a duas dinâmicas distintas – e que é mesmo impossível definir a fronteira entre os discursos produzidos na mídia e aqueles que são produzidos em espaços "não midiáticos".

Afastando a noção de falsa consciência e, portanto, deixando de lado as definições de ideologia mais próximas da ideia de ilusão e manipulação, é possível aproximar os conceitos de estereótipo e ideologia sem recorrer à oposição entre veracidade e falsidade. É possível aproximá-los, também, evitando o risco de compreender a hegemonia como elisão da resistência. A partir de algumas das abordagens correntes de ideologia, os estereótipos podem ser entendidos como artefatos ideológicos no sentido de que são expressões de uma "versão da realidade social" que é suficientemente real e reconhecida para que não seja simplesmente rejeitada (Eagleton, 1997 [1991]: 27). Sua realidade estaria em seus *efeitos reais*, mesmo quando em sua base estão mentiras e visões parciais que são transmutadas em fatos de validade universal.[9]

É possível aproximar os dois conceitos também quando se trata de observar como se dá o trânsito entre o específico e o universal. A compreensão da ideologia como a "matéria da qual cada um de nós é feito, o elemento que constitui nossa própria identidade" e que não é colocado em questão porque se apresenta como óbvio e sabido por todos, remete, novamente, ao problema da construção social das identidades. O discurso ideológico apresenta-se como verdade universal que não precisa ser submetida à análise racional (Eagleton, 1997 [1991]: 28). E os estereótipos se alimentam da ausência de análise racional dos valores que os estruturam. Apresentados como caracterizações fundadas empiricamente, derivadas da constatação da "natureza" específica dos indivíduos e dos grupos sociais estereotipados, não aparecem como julgamentos, mas como imagens de caráter descritivo.

Tomadas essas definições, a melhor forma de lidar com os discursos ou enunciados ideológicos não parece ser questionar sua veracidade ou falsidade, propondo-se a distinguir entre elas, mas compreender que esses discursos, com seus componentes empíricos e normativos, são parte dos esforços para a "legitimação de certos interesses em uma luta de poder" (Eagleton, 1997 [1991]: 28). Os estereótipos podem ser compreendidos como parte dessa mesma dinâmica, atendendo à lógica mencionada, na qual distorção e validade caminham juntas, desde que se leve em consideração que há conflitos, contradições e dissonâncias na sua produção e circulação.

O questionamento do papel da mídia e do jornalismo na difusão e reforço dos estereótipos é, em si mesmo, um exemplo das tensões e formas de mal-estar decorrentes. Os conflitos em torno da ressignificação dos papéis, da redistribuição de recursos e do reconhecimento de grupos e práticas sociais passam, frequentemente, pelo questionamento dos estereótipos ativos em uma sociedade. Isso é, por si só, um índice de que há circuitos variados de comunicação, que não se restringem à grande mídia e aos discursos hegemônicos.[10] O reconhecimento do peso e da centralidade da mídia empresarial convencional nos fluxos comunicativos nas sociedades contemporâneas reforça, porém, a necessidade de entender se e como a mídia faz parte da dinâmica de produção e reprodução dos estereótipos.

Torna-se fundamental, portanto, avançar na discussão sobre as relações entre mídia e estereótipos, pensadas a partir das definições propostas anteriormente neste capítulo e, sobretudo, a partir dos problemas e questões que elas nos colocam. As considerações aqui tecidas sobre o funcionamento da mídia pretendem estabelecer uma base para a crítica à dualidade entre mídia/superação dos estereótipos e mídia/propagação dos estereótipos.

A partir do que foi discutido anteriormente, parece claro que os estereótipos não podem ser entendidos como *originários* da mídia ou das formas de sociabilidade reorganizadas pelo advento dos meios técnicos de difusão massiva. Alguns estudos afirmam justamente o contrário (Meyrowitz, 1985).

Mas a presença dos estereótipos no discurso midiático pode colaborar para seu impacto e permanência. Difundidos para um grande número de pessoas, transformam-se em referências compartilhadas que fazem parte, simultaneamente, da experiência individual e social. Permitem, por exemplo, que um determinado comportamento ou bordão seja referência comum a indivíduos que nunca tiveram contato direto e estão posicionados socialmente (por classe, ocupação, sexo, raça, idade) de maneiras diversas. Na mídia, a caracterização de eventos e indivíduos distantes a partir de discursos moralmente codificados é associada a narrativas familiares, que organizam a cobertura noticiosa.

Os meios de comunicação têm, nas sociedades contemporâneas, um papel central na difusão de representações do mundo social. A relação com o mundo é mediada por imagens produzidas e difundidas em escala industrial, fazendo com que nossas referências sejam uma fusão entre o mundo com o qual temos contato diretamente e o mundo que conhecemos pelas telas da TV, pela internet e pelas páginas de revistas e jornais. Dessa perspectiva, é preciso pensar na complementaridade entre diferentes modalidades de relação com o mundo, mas também na dependência cognitiva dos indivíduos em relação aos meios de comunicação nas sociedades midiatizadas. Mais do que julgar o que a mídia nos oferece pela realidade direta que nos estaria à mão, orientamo-nos por um conjunto de informações cuja relevância e pertinência não podemos, na maior parte das vezes, medir sem recorrer à própria mídia. Isso vale, especialmente, para eventos, esferas e indivíduos com os quais temos contato apenas pela mídia.

Mas a distância física – e o conhecimento limitado – dos objetos e atores estereotipados não é condição *sine qua non* para que os estereótipos se reproduzam. Não lidamos com imagens estereotipadas porque não tivemos acesso à "natureza real" das coisas e dos indivíduos.[11] Há um *continuum* entre o desempenho cotidiano dos papéis atribuídos aos grupos sociais e os padrões que definem valores e expectativas que estão na base da avaliação desse desempenho. Em outras palavras, as relações e circunstâncias que nos são próximas também são investidas de sentidos definidos por expectativas sociais padronizadas.

Nas relações de gênero, por exemplo, os estereótipos organizam as expectativas quanto ao papel de mulheres e homens nas relações afetivas, profissionais e políticas, "contaminando" as diferentes esferas. Fundados em definições do papel adequado da mulher na esfera doméstica, os estereótipos de gênero permeiam outros espaços e interações, impondo limites à sua atuação: esse é um dos sentidos da afirmação de que a conexão entre os aspectos doméstico e não doméstico da vida é profunda (Okin, 1989: 126). A caracterização de indivíduos em situações próximas e íntimas se dá, assim, a partir de expectativas sociais padronizadas – a especificidade de uma relação conjugal não impede, por exemplo, que o comportamento daquela "esposa" seja avaliado relativamente ao estereótipo socialmente predominante da "boa mãe" (no exemplo dado por Goffman, 2008 [1963]: 63) ou, inversamente, que a atuação de uma "profissional" seja também avaliada a partir de pressupostos sobre como se comportam "as mulheres", fundados em estereótipos que as vinculam à domesticidade.[12]

Nos dois casos – o da avaliação do que nos é familiar a partir de expectativas sociais padronizadas e o da avaliação de espaços e atores com os quais não temos contato direto a partir das formas assumidas pelas interações sociais na vida cotidiana e na esfera doméstica –, a reprodução dos estereótipos corresponde à naturalização de características e competências. Pode corresponder, ainda, à naturalização do pertencimento distinto dos indivíduos aos diferentes campos sociais. Os meios de comunicação participam desse processo de naturalização dos pertencimentos e das exclusões.

A centralidade dos meios de comunicação nas sociedades contemporâneas está relacionada ao fato de que nossa experiência é hoje, em grande parte, mediada por aparatos técnicos que difundem conteúdos de forma massiva. O acesso a informações sobre eventos que não presenciamos e o compartilhamento de referências entre indivíduos que se desconhecem – mas que têm acesso aos mesmos conteúdos midiáticos – estão no centro da experiência social contemporânea.

A análise da formação das opiniões e das preferências nesse contexto de desenvolvimento dos meios técnicos de comunicação levou a considerar, detidamente, como a relação entre a percepção dos indivíduos e os fatos era impactada pela propaganda e pelas informações difundidas pela mídia. A afirmação de que as "imagens internas", feitas de "preconceitos e prejuízos que interpretam, preenchem e dirigem poderosamente o transcurso de nossa atenção e de nossa visão" colocam-se entre os indivíduos e o mundo externo (Lippmann, 1997 [1922]: 18-9) é um dos patamares a partir do qual se definiram as análises contemporâneas sobre as relações entre a mídia e a produção das opiniões.

A visão dos fatos depende de "onde estamos posicionados e dos hábitos de nossos olhos" (Lippmann, 1997 [1922]: 54), mas os olhos seriam crescentemente habituados pela própria mídia, influenciando a maneira como os indivíduos entendem e reconhecem sua posição no mundo. Esse é um caminho para a presunção de que existe uma correlação direta entre o que os meios de comunicação produzem e veiculam e como pensarão as pessoas que estão expostas a eles. Em outras palavras, para uma relação de causalidade entre os conteúdos difundidos pela mídia e as formas assumidas pela opinião pública.

Essa compreensão tem convivido com teses e argumentos que a confrontam. As reações críticas à chamada teoria hipodérmica estão entre eles. Um aspecto importante, já considerado pelo próprio Lippmann, é que o público não responde aos conteúdos midiáticos de forma direta e predeterminada. A recepção não é, dito de outro modo, determinada pela emissão, ainda que seja necessário pensar na influência desta sobre aquela (algo que foi discutido, com foco na produção das preferências eleitorais, no primeiro capítulo deste livro). Isso se dá, entre outras razões, porque as relações entre os meios de comunicação e seu público não podem ser isoladas de uma série de influências e variáveis que compõem o horizonte cognitivo e político dos indivíduos.

Nossas preconcepções são formadas por um conjunto complexo de referências disponíveis, *entre as quais* estão aquelas fornecidas pelos discursos midiáticos. É preciso considerar pelo menos dois fatores: o primeiro é que as informações e imagens disponibilizadas pela mídia ganham sentido relacionadas a um conjunto de outras informações e imagens acumuladas ao longo da trajetória dos indivíduos, isto é, são decodificadas em seu ambiente próximo, em processos cognitivos que são marcados por sua posição social. Isso nos obriga a lembrar que se o conteúdo midiático é, em larga medida, produzido de forma concentrada e homogênea, a recepção é sempre localizada e socialmente posicionada (Thompson, 2002 [1990]).

O segundo fator, na consideração da complexidade da relação entre a mídia e o público, é que o discurso midiático, ainda que tenha um alto grau de homogeneidade, não é ordenado de modo coerente. Há posições e imagens conflitantes sendo difundidas pelos meios de comunicação simultaneamente – e esses meios de comunicação não são um bloco indistinto. Além disso, o efeito do que é difundido depende dos segmentos do público que a ele estão expostos, em suas variações socioeconômicas, de gênero, de raça, de faixa-etária, no nível educacional, nas crenças e afiliações religiosas, local de habitação, padrões das relações familiares, entre outros aspectos (ver capítulo "Meios de comunicação, preferências e voto no Brasil").

Isso não significa deixar de lado a assimetria entre a produção/difusão e a recepção dos conteúdos de mídia. Não significa, também, diminuir a importância da concentração da propriedade dos meios de comunicação e das rotinas profissionais do jornalismo na padronização dos conteúdos midiáticos e, em especial, dos noticiários. O ponto é que disso não decorre um conjunto de imagens e informações que convergem em um único entendimento ou visão de mundo, nem disso se pode presumir um impacto-padrão dos conteúdos veiculados sobre os diferentes segmentos do público.[13]

Novamente, é preciso considerar os matizes, sem perder de vista o peso que a mídia tem na conformação das representações compartilhadas do mundo social. Os conteúdos não são homogêneos mesmo na mídia empresarial (ou, focando no jornalismo, na chamada "grande imprensa"), os circuitos de comunicação são complexos (pensando no jornalismo, não se restringem ao que a "grande imprensa" coloca em circulação, produzindo ruídos e conflitos que têm impacto sobre os processos de significação da realidade social) e, por fim, a recepção é ativa, não permitindo que se considerem as opiniões do público como meros reflexos dos discursos da mídia. Mas isso não elimina, entre outras coisas, a dependência cognitiva dos indivíduos em relação aos meios informativos. As relações que estabelecemos com algumas esferas da vida em sociedade consistem, quase sempre – e sistematicamente –, em contatos mediados pelos aparatos técnicos de comunicação, com destaque para o jornalismo em alguns casos, como o da política. Para a maior parte das pessoas, "a política", isto é, um modo restrito de compreensão da política que a reduz, *grosso modo*, ao Estado, é aquilo que é visível midiaticamente.

A teoria do *agenda setting*, em suas diferentes versões, procurou dar conta justamente do fato de que os meios de comunicação podem não ser capazes de definir como os indivíduos pensam, determinando suas opiniões e preferências. Mas definem, em grande medida, os temas sobre os quais eles pensam. Nesse sentido, fica difícil estabelecer fronteiras entre o que é socialmente relevante para os cidadãos em um dado momento e o que a *agenda da mídia* torna saliente. A hipótese, nesse caso, é que existe uma correlação significativa entre relevo nos meios de comunicação e *relevância* para o público.

Procurando analisar os diferentes aspectos dessa correlação, Maxwell McCombs (2009 [2004]) define dois tipos de agendamento: temático e de atributos. Partindo de suas observações, fundadas em um conjunto variado de pesquisas empíricas sobre o impacto dos discursos midiáticos sobre o público, podemos entender que: (1) a agenda da mídia tem impacto na definição da agenda do público; (2) esse impacto corresponde ao compartilhamento de temas, mas também de formas de caracterização e valorização desses temas; e, por fim, (3) a agenda temática é inseparável dos enquadramentos que organizam o acesso aos temas, isto é, das molduras que tornam os temas visíveis em *uma narrativa* que lhes dá sentido.

A definição dos enquadramentos como esquemas simplificadores e como atalhos cognitivos permite aproximá-los das definições do conceito de estereótipo antes propostas. Nos dois casos, a tipificação está ancorada em referências compartilhadas, sem as quais não teria efeito. E, ainda nos dois casos, o recurso repetido a essas referências corresponde a sua atualização, isto é, ao reforço a determinadas formas de enquadrar eventos, dar sentido a relações de causalidade e caracterizar indivíduos e grupos sociais. Além disso, o entendimento corrente da noção de enquadramento desloca a ideia de manipulação, dando ênfase para os pressupostos que organizam o mundo para os jornalistas e para o público, permitindo que um evento "novo" ganhe sentido em narrativas relativamente estáveis, já cristalizadas. Os fatos ganham saliência em uma causalidade e segundo definições e valorações cristalizadas.[14]

Não é de nosso interesse, no entanto, concentrar essa discussão no conceito de enquadramento, mas no fato de que o jornalismo consiste em um conjunto relativamente restrito de padrões narrativos cristalizados. O conceito de enquadramento está entre aqueles que procuram dar conta desse aspecto da produção jornalística. O noticiário é produzido dentro dos limites de convenções, como aquelas que estão na base dos rituais da objetividade definidos por Gaye Tuchman (1972) e a partir de recursos de sentido restritos e compartilhados, isto é, de um leque restrito de discursos de referência. Na base dos procedimentos rotinizados estão padrões morais que o jornalismo contribui para reproduzir. A "objetivação dos padrões morais" (Ettema e Glasser, 1998: 62) é uma face importante da cobertura noticiosa, pressupondo, como se disse, valores e não apenas referências comuns. E esses valores não são apenas reforçados, mas reacomodados ou reativados quando estão na base da leitura que é feita de situações novas, de uma realidade em transformação (Ettema e Glasser, 1998: 63).

É nesse sentido que os estereótipos são peças-chave para que essas narrativas cristalizadas tenham eficácia. As imagens tipificadas dos grupos sociais permitem mobilizar, mais do que referências comuns, julgamentos que, compartilhados, dão sentido aos acontecimentos. Os enquadramentos e os estereótipos que lhes dão sustentação se exprimem por meio de códigos morais relativamente estáveis. Ao colocá-los mais uma vez em circulação, o jornalismo contribui para essa estabilidade.

A atribuição de *status* aos atores e a estereotipia, entendida como construção da imagem que envolve a saliência de atributos, são também dois aspectos do agendamento em seu sentido mais amplo (McCombs, 2009 [2004]: 135), entendido como saliência de temas que se tornam visíveis em caracterizações e enquadramentos definidos. A seleção das temáticas presentes no noticiário envolve, assim, o recurso a narrativas por meio das quais essas temáticas fazem sentido. É razoável, por tudo que foi dito anteriormente sobre estereótipos e enquadramentos, que essas narrativas atendam a padrões simplificadores e que estes, por sua vez, envolvam rotulações e distinções. Isso está menos relacionado a formas de manipulação ou distorção estrategicamente impetradas do que aos discursos e estereótipos "disponíveis" – que ganham peso e legitimidade em uma configuração específica das relações de poder e das práticas jornalísticas, em um dado contexto.

O noticiário é feito a partir de escolhas que estão implícitas nas rotinas jornalísticas. Acompanhando a análise de Timothy Cook (2005 [1998]), essas escolhas são reproduzidas "naturalmente" porque: (a) os jornalistas compartilham um mesmo repertório; (b) os jornalistas compartilham um número restrito de fórmulas na busca das informações e produção dos textos. A seleção dos temas relevantes, que inclui a seleção de quem está capacitado e disponível para falar sobre eles, e sua organização em enquadramentos determinados, são parte dessas escolhas rotineiras. Os estereótipos podem ser fatores de seleção e organização dos sentidos nas duas etapas, seleção dos temas e consolidação dos enquadramentos (separadas apenas para facilitar essa argumentação).

Na primeira, a seleção de temas e personagens pode atender às expectativas-padrão sobre *o que é socialmente relevante* e *quem é habilitado* a emitir opiniões sobre aquilo que ganha destaque. Pode-se supor, nesse sentido, que não existe uma fronteira clara entre *status* e estereótipos, mesmo quando se pensa em cargos e posições institucionais que conferem status àqueles que as ocupam: eles potencializam o que podemos chamar aqui de uma "visibilidade competente", mas não a garantem. Se o acesso às "janelas de visibilidade" (Gomes, 2008a) restritas no noticiário político depende de posições institucionais, esse acesso, por outro lado, não garante aos diferentes atores (a mulheres e homens, por exemplo) uma presença equânime no discurso midiático, tanto do ponto de vista quantitativo quanto do qualitativo.[15]

Na segunda etapa, as narrativas que conferem sentido aos temas e personagens ancoram-se significativamente nos estereótipos vigentes. Pode-se assumir que existe uma espécie de "memória compartilhada" entre os jornalistas, que é produto de suas práticas, de sua ética e de sua posição social objetiva. Ela os leva a dar maior atenção a determinados atributos, a destacar alguns aspectos do comportamento dos atores em detrimento de outros, a estabelecer correlações previsíveis entre o evento abordado e outros eventos (em esferas variadas), assim como a definir de maneira relativamente estável os ângulos em que as imagens são produzidas. E parte importante dessa dinâmica consiste na evocação de imagens-típicas para construir narrativas que funcionam como atalhos cognitivos para uma realidade que é complexa.

Isso facilita o trabalho rotineiro dos jornalistas, na medida em que confere previsibilidade e homogeneidade a suas rotinas. Facilita, ainda, a relação entre os diferentes segmentos do público e o noticiário que lhes é apresentado, na medida em que orienta a leitura por meio de padrões que, cumulativa e rotineiramente, constituem as representações do mundo social nas quais suas "novas" leituras de "novos" discursos estarão ancoradas. Mas, como foi dito, a tipificação não corresponde, apenas, à simplificação. Pode, também, reforçar obstáculos simbólicos e materiais para indivíduos e grupos estereotipados.

A correlação entre a definição dos temas presentes nos noticiários, as narrativas em que esses temas se inserem e a seleção de quem tem voz nos debates que ganham tempo e espaço nos meios de comunicação está relacionada concomitantemente à simplificação dos processos cognitivos e à reprodução de formas de distinção. Ao ativar compreensões tipificadas da realidade, o jornalismo confirma e ao mesmo tempo promove alguns atores sociais ao lugar de enunciadores privilegiados, isto é, de indivíduos que têm competência e recursos para dizer algo que merece a atenção do público. Por outro lado, reforça, em relação a outros, caracterizações negativas ou pouco vantajosas do ponto de vista da promoção de seu acesso a recursos simbólicos e materiais que podem ser transmutados em uma maior autonomia, em posições de poder e/ou em *status*.

A agenda da mídia noticiosa é definida a partir de uma combinação de fatores. As rotinas produtivas interagem com a atuação do governo (por meio das assessorias de imprensa e de outras formas de comunicação governamental); com as fontes que têm, individualmente, trânsito entre os jornalistas; com instituições e grupos que procuram tornar eventos e tópicos noticiáveis segundo seus interesses e perspectivas. Não há, sempre, complementaridade. Pelo contrário, a agenda é objeto de disputas. Mas essas disputas não assumem, necessariamente, a forma da oposição entre imagens distorcidas e imagens "reais", ou entre estereótipos e caracterizações mais complexas de temas e atores.[16]

O que está em jogo é, portanto, a associação entre as imagens dos atores sociais e a estabilidade relativa dos papéis a eles associados, com as vantagens e desvantagens envolvidas. As tipificações são diversas, mas estão desigualmente presentes nos discursos da mídia. Não consistem, todas elas, em obstáculos à construção autônoma da vida dos indivíduos. Mas pode-se dizer que algumas delas contribuem para a vulnerabilidade de uns e para a posição socialmente fortalecida e legitimada de outros. O problema, portanto, não está na constatação da presença das narrativas cristalizadas e dos estereótipos que, segundo argumentamos aqui, são centrais à conformação do discurso jornalístico, mas na compreensão de *como esses estereótipos funcionam em relações de poder concretas*, em contextos determinados.

O que se constata é que o compartilhamento massivo de referências que os meios de comunicação possibilitam pode contribuir para a reprodução dos estereótipos ou para sua reorganização ou superação (em direção a novos arranjos estereotípicos, isto é, a novas expectativas-padrão). Os matizes na presença dos estereótipos, ou no recurso a diferentes estereótipos, não devem, então, ser ignorados. Podem ser índices de conflitos e de mudanças – assim como dos limites dessas mudanças – nas sociedades, nos contextos em que os noticiários são produzidos. Nas pesquisas empíricas, a comparação entre o noticiário de diferentes veículos ou entre matérias voltadas para temáticas distintas, em um mesmo momento, ou a comparação do noticiário em diferentes momentos, por meio de séries históricas, pode ser necessária para uma discussão mais complexa dos estereótipos na mídia.

A constatação de que os estereótipos são parte do discurso midiático é apenas um ponto de partida. Os estereótipos são peças-chave no discurso jornalístico, que está sob a nossa atenção, em pelo menos dois de seus aspectos rotineiros: a apresentação do novo por meio de atalhos cognitivos, que os coloca como peça de sustentação dos enquadramentos, e a identificação dos grupos sociais a partir de valores e expectativas-padrão supostamente compartilhadas e que não aparecem como objeto de discussão.

Os estereótipos colaboram, assim, para que o noticiário atravesse a complexidade dos processos de formação das identidades sem problematizá-los, ao dispor essas identidades como dados objetivos, a partir de valores morais naturalizados. Neles, como se disse antes neste capítulo, o trânsito entre o individual e o universal apenas confirmaria os valores e julgamentos que estão em sua base. Por isso os definimos como artefatos – morais e ideológicos – que atuam simbolicamente e têm efeitos concretos, interpelando os indivíduos ao mesmo tempo que atualizam julgamentos.

O fato de que exercem pressão para que a individualidade seja vivenciada segundo determinadas expectativas-padrão não significa que a vivência individual de fato corresponderá a elas, espelhando essas expectativas coerentemente. Mas, como parte da dinâmica de reprodução, acomodação ou deslocamento das relações de poder, os estereótipos interpelam, constituindo as identidades, e constrangem à compreensão dos comportamentos segundo a insígnia da normalidade e do desvio.

As brechas e os ruídos existem, mas as dificuldades para que as rupturas com os estereótipos vigentes aconteçam se devem a essa dinâmica – isto é, aos constrangimentos que implicam. Está em jogo, entre outras coisas, a capacidade que os indivíduos em posições vantajosas (entre outras coisas, de controle dos meios de comunicação ou de acesso a eles) têm para definir as perspectivas válidas nos discursos que, potencialmente, têm maior alcance e legitimidade.

Os estereótipos não são uma simples falsificação, que se oporia à realidade das vivências e da construção das identidades. É possível, por exemplo, sustentar que o aprendizado das identidades sexuais, entre outros aspectos que constituem as identidades, se dá sempre "através de oposições, caricaturas e estereótipos" (Badinter, 2005 [2003]). Mas mesmo que se considere que são, nesse sentido, incontornáveis, a compreensão de quais são esses estereótipos, de como se dá sua reprodução e de quais são seus efeitos nas relações sociais concretas é fundamental. É fundamental, ainda, a compreensão das razões pelas quais alguns deles ganham guarida nos discursos da mídia de grande público, enquanto outros podem estar restritos a discursos que têm menor legitimidade social ou a circuitos de comunicação relativamente marginais.

Parece-nos que essas diferenças remetem diretamente à posição dos indivíduos e grupos nas relações de poder e nos campos da produção intelectual e da produção jornalística. Em última instância, o problema dos estereótipos na mídia remete ao problema da pluralidade de enquadramentos e perspectivas que constituem o discurso midiático. Trata-se, assim, de um dos problemas relacionados à concentração do acesso à produção dos discursos que a mídia faz circular.

Os meios de comunicação de massa consistem numa arena na qual estão em disputa representações diversas da realidade social. Estão em disputa, mais precisamente, a validação de valores e julgamentos que estão na base dessas representações. E essa disputa se coloca em vários níveis e graus, daí o fato de que os discursos colocados em circulação pela mídia recorram a tipificações, tenham como efeito potencial a naturalização de determinados estereótipos, mas não se restrinjam a uma versão coerente e linear dos grupos sociais e das relações de poder em que se inserem.

NOTAS

[1] Um exemplo interessante é a análise da mídia estadunidense nos anos 1950, especialmente das revistas produzidas para o público feminino, feita por Betty Friedan em *The Feminine Mystique* (1997 [1963]).
[2] Em textos menos centrados na mídia, como o de Naomi Wolf (2002 [1991]), ou preocupados, de fato, com o impacto da mídia para as relações de gênero e a participação das mulheres na política, como em Miguel e Biroli (2011) ou em Kahn (1996).

³ O pertencimento dos jornalistas a uma classe média branca levaria à identificação com alguns grupos sociais e problemas (em análises distintas, como as de Schudson, 1995: 8; Ettema e Glasser, 1998; ou Miguel e Biroli, 2011), assim como o ambiente profissional os levaria a perceber a política a partir da posição privilegiada daqueles que se tornam suas fontes (Cook, 2005 [1998]).

⁴ Para resultados da pesquisa "Determinantes de gênero, visibilidade midiática e carreira política no Brasil", conferir Miguel e Biroli (2011). Outros diálogos entre a pesquisa empírica sobre a presença de mulheres no noticiário político e a reflexão sobre os estereótipos de gênero podem ser encontrados em Biroli (2010, 2011).

⁵ A reprodução dos papéis sociais de gênero está associada, ao mesmo tempo, ao insulamento das mulheres em determinados espaços e ao incentivo ao desenvolvimento de habilidades que confirmam seu pertencimento a esses mesmos espaços. Há, nesse sentido, uma correção (e não um desvio) nos estereótipos, garantida pela própria dinâmica social de reprodução dos papéis – no exemplo dado, os de gênero, como expõem algumas das observações presentes na análise de Chodorow (1999 [1978]).

⁶ A autora considera cinco faces da opressão: a exploração, a marginalização, a ausência de recursos de poder (*powerlessness*), o imperialismo cultural e a violência. Em todos os casos, há uma compreensão de que a opressão se produz estruturalmente, constituindo normas, valores e instituições.

⁷ Podem ser entendidos como três formas de atitude social "enviesada" contra um grupo e os indivíduos que dele fazem parte. Os estereótipos corresponderiam a "associações e atribuições de características específicas a um grupo"; os preconceitos corresponderiam a "uma atitude que reflete uma avaliação abrangente de um grupo"; e a discriminação corresponderia a "comportamento enviesado relativo a, e no tratamento de, um grupo ou seus membros" (Dovidio et al., 2010: 5).

⁸ Os estereótipos podem fazer parte das formas cotidianas de resistência, tais como analisadas por James C. Scott (1990) ao considerar a ressignificação das hierarquias, pelos dominados, em rumores, piadas, canções, provérbios e eufemismos. Podem ser, nesse sentido, parte das evidências de que "o libreto da elite para as hierarquias de nobreza e respeito não é, na realidade, cantado palavra por palavra pelos que estão sujeitos a elas" (Scott, 1985: 41).

⁹ A compreensão da ideologia como interpelação, presente em Althusser (2003 [1971]), permitiria avançar nesse paralelo entre o conceito de ideologia e o de estereótipo. Para o autor, "a existência da ideologia e a interpelação dos indivíduos enquanto sujeitos são uma única e mesma coisa" (Althusser, 2003 [1971]: 97). Nisso consiste a tensão entre a constituição das identidades (a constituição dos indivíduos como sujeitos) e a sujeição (a ocupação de posições previamente estabelecidas nas relações de poder), resumida na conhecida formulação de que "os sujeitos se constituem pela sua sujeição" (Althusser, 2003 [1971]: 104). Agradeço a Luis Felipe Miguel pela indicação da proximidade entre os argumentos aqui presentes e essa compreensão em Althusser.

¹⁰ Setores do movimento negro no Brasil têm centrado atenção nos estereótipos racistas presentes na mídia. Apesar de não ser possível discutir esse tópico neste capítulo, parece relevante indicar que, ao mesmo tempo, as estratégias de reconhecimento mobilizadas pelos movimentos recorrem também a estereótipos (que ganham, no entanto, sinal positivo), constituindo identidades relativamente fundadas justamente em critérios de diferenciação étnico-raciais (cf. Guimarães, 2002; Neves, 2005).

¹¹ Essa compreensão é muito comum na literatura infantil contemporânea progressista. Um exemplo bastante característico pode ser encontrado na história de Cláudia Fries (2000 [1999]), sobre o momento em que os moradores de um prédio, uma galinha, uma raposa e um coelho ganham um novo vizinho, um porco. O estereótipo é superado quando os moradores têm acesso à verdade sobre os fatos

relacionados ao novo morador, o que corresponde, nesse caso, à assimilação do "outro" aos padrões normativos de referência.

[12] É comum que a avaliação da competência das mulheres para a política seja fundada nas expectativas e padrões convencionais que organizam os papéis na esfera doméstica (como expõem Bystrom et al., 2004; Iyengar et al., 1997; Kahn, 1996; Miguel e Biroli, 2011). A avaliação das habilidades de mulheres e homens para a política parece ser parte dessa dinâmica complexa em que os estereótipos são confirmados ou contestados a partir de referências pertencentes a diferentes "camadas" da experiência.

[13] É preciso ter cuidado com o que é pressuposto quando se considera que, porque as empresas de comunicação têm posição e interesses econômicos semelhantes, os conteúdos produzidos refletem diretamente essa posição e esses interesses. Mesmo considerando que os valores capitalistas e a incitação ao consumo estão na base do modo de produção e circulação dos conteúdos midiáticos – ou, em outro ângulo, mas ainda com o mesmo entendimento, que os meios de comunicação são um elo da dinâmica de consumo nas sociedades contemporâneas –, a compreensão dos meios de comunicação como instrumentos dos interesses econômicos hegemônicos pode deixar de lado a complexidade das disputas simbólicas e os matizes e conflitos entre as posições relativas a tópicos e interesses variados. Um exemplo é a relação da mídia brasileira de grande circulação com tópicos como o papel do Estado na economia (em que há um alto grau de convergência nos noticiários) e com tópicos como as orientações religiosas para o comportamento sexual e o controle reprodutivo (em que há variações e matizes que devem ser considerados). A não ser que se presuma que um desses tópicos é mais relevante do que o outro, não é justificável definir o comportamento e os discursos dos meios de comunicação apenas a partir de um deles.

[14] Entendo que a aproximação entre estereótipos e enquadramentos permite desenvolver essa discussão para além dos seus limites neste texto. Os argumentos aqui presentes foram se definindo, preliminarmente, a partir da leitura da obra de Goffman. Ainda que de maneira indireta, essa discussão é tributária das reflexões do autor em *Estigma* (2008 [1963]), *Frame Analysis* (2006 [1975]) e *The Presentation of Self in Everyday Life* (1959). Para um conjunto variado de análises que recorre a esse conceito, assim como discussões sobre seus limites e potenciais, sugiro a leitura de Callaghan e Schnell (2005).

[15] Um exemplo disso é a relação entre mulheres e temáticas consideradas femininas, especialmente aquelas relacionadas à esfera doméstica e à família, no noticiário político. O jornalismo concede mais espaço às mulheres quando elas se encontram próximas de sua esfera tradicional, a dos assuntos privados e do cuidado com os outros, mas a vinculação a tais temáticas as afasta do núcleo do noticiário político (Miguel e Biroli, 2011).

[16] No caso das mulheres presentes no noticiário político, as pesquisas realizadas indicam que é preciso ter em mente que o fato de que os estereótipos sejam uma via de acesso mais "fácil" ao noticiário – porque não entram em choque com as narrativas e expectativas convencionais – pode levar a estratégias para a conquista da visibilidade que não os confrontam. Isso varia, entre outras coisas, de acordo com o peso que a visibilidade tem para a carreira dos atores específicos em um dado momento. O ponto, no entanto, é que as mulheres políticas podem estar diante de duas alternativas: a exclusão do noticiário ou a inclusão estereotipada.

KITSCH E DISCURSO POLÍTICO NA MÍDIA

Luis Felipe Miguel

O discurso é o meio por excelência da ação política. É ele que estabelece as relações entre líderes e liderados; é o acesso ao discurso, a capacidade de falar em nome de outros, que torna alguém representante – ou seja, *porta-voz* – de um grupo.

Essa mediação, porém, não é isenta de problemas. Há, é claro, o fato de que, como em todas as outras formas de comunicação discursiva, a linguagem intervém e tanto *permite* a expressão como a *circunscreve* e *limita* – uma vez que, segundo observou André Gorz, ecoando aqui temas presentes em Rousseau, ela "é um filtro que me obriga sempre a dizer mais e menos do que aquilo que sinto" (Gorz, 1988: 216). Mas há também o fato de que, na comunicação política, emissores e receptores se encontram na situação de uma brutal assimetria.

Em virtude da divisão social do trabalho político, os representantes devem submeter ao público assuntos com os quais ele está, em geral, precariamente familiarizado. Nas democracias representativas, em especial, os cidadãos comuns são tanto afastados da gestão das questões públicas quanto chamados a decidir sobre elas de tempos em tempos. Os problemas da comunicação política tendem, assim, a ser encarados como problemas de *tradução*: como transmitir ao público, que é leigo, posições sobre temas complexos.

Mas nem sempre a tradução é o objetivo dos agentes políticos. Pierre Bourdieu observa que "os discursos não são apenas (a não ser excepcionalmente) signos destinados a serem compreendidos, decifrados; são também *signos de riqueza* a serem avaliados, apreciados, e *signos de autoridade* a serem acreditados e obedecidos" (Bourdieu, 1998a [1982]: 53). O discurso político é uma ilustração singular dessa observação geral.

A compreensão truncada ou limitada da fala do político pode ser não um empecilho a ser contornado, mas algo que se busca deliberadamente. Produzir um discurso que o público não compreende por inteiro pode significar uma marca de distinção – a distinção entre aqueles capazes de fazer política e os outros, que não podem ser mais que espectadores. Essa distinção está na base do sistema representativo e é fundamental para resolver a contradição entre o caráter formalmente democrático do sistema e seu funcionamento, que é, no final das contas, censitário (Bourdieu, 1979: 464).

O discurso político, assim, não é transparente e também não deseja sê-lo. As motivações dos agentes são travestidas em ideais mais elevados – em vez da obtenção do poder, buscar-se-ia alguma espécie de "bem comum". É um deslocamento mais do que frequente no discurso político; na verdade, é um fenômeno banal e os exemplos poderiam ser multiplicados com facilidade. Mas não se trata apenas da hipocrisia, que La Rochefoucauld já definia como sendo "a homenagem que o vício presta à virtude". A transposição de interesses imediatos em ideais elevados é própria da representação política (ou, mais propriamente, da representação estruturada em carreiras políticas), em que a promoção de um projeto ou de um ideário político parece estreitamente vinculada ao sucesso dos indivíduos que os encarnam.

Não são apenas os ideais que parecem elevados, mas também os termos que os definem. O discurso político traveste disputas prosaicas em questões de princípios, ao mesmo tempo que traveste a si próprio num discurso mais sofisticado do que de fato é. Essa característica, que não parece ser fortuita ou contingente, serve aqui como ponto de partida para a discussão de uma categoria analítica que chamo de "kitsch político".

O que pode significar o kitsch político? Não se trata de uma expressão muito difundida. Em abril de 2016, uma pesquisa no Google indicou apenas 6.100 páginas contendo a expressão *"political kitsch"*, contra – por exemplo – quase 50 mil para *"political imaginary"*, mais de 57 mil para *"political myth"*, cerca de 500 mil para *"political speech"* e mais de 2,3 milhões para *"political discourse"*, além, é claro, de cerca de 420 milhões para "Michael Jackson".[1] Em geral, no uso comum, o kitsch político se refere aos símbolos visuais das campanhas eleitorais, a cartazes e bandeirolas de duvidoso gosto estético afixados pelos partidos e candidatos.

Entre as noções mais elaboradas do kitsch político, a mais difundida foi criada pelo romancista tcheco Milan Kundera, em seu best-seller da Guerra Fria, *A insustentável leveza do ser*. Refere-se à criação de um espaço imaginário em que crenças e certezas são mantidas a salvo do contágio por uma realidade que nem sempre (ou quase nunca) se adequa a elas. Como categoria geral, o kitsch "é a negação absoluta da merda, no sentido literal como no figurado: o kitsch exclui de seu campo de visão tudo o que a existência humana possui de essencialmente inaceitável" (Kundera, 1984 [1983]: 357). Tal como qualquer outra forma de kitsch, o kitsch político zelaria pela permanência de valores puros, intocados, em que o bom e o belo reinariam sem mácula. As mitografias dos regimes totalitários são os exemplos preferidos pelo autor, mas também é possível encontrá-los nas democracias – basta pensar no culto dos *founding fathers* estadunidenses. As narrativas patrióticas e, de modo geral, a memória oficial dos Estados nacionais, qualquer que seja a ideologia que professam, seriam o habitat natural do kitsch político, na acepção de Kundera.

Um esforço mais acadêmico de construção de um conceito de kitsch político, por derivação do kitsch estético, foi efetuado pelo cientista político argentino Martín Plot. Seguindo a maior parte dos autores que se debruçaram sobre o assunto, ele toma, como atributo central do kitsch artístico, a imposição de efeitos predeterminados sobre seu público, em contraposição à arte "autêntica", caracterizada pela abertura e indeterminação. A analogia com a política torna-se bastante evidente, uma vez que o autor trabalha com um referencial arendtiano, vendo na indeterminação do resultado a quintessência da política – ou, ao menos, da "boa política" ou da "verdadeira política". O resultado é, assim, uma denúncia bastante convencional da pasteurização do discurso político, que se resume a reproduzir aquilo que as sondagens de opinião e os *focus groups* indicam, negando as características criadoras da política.

O kitsch político, assim, "tende a reduzir a um mínimo a criatividade implícita em toda política democrática, limitando-se à manifestação de posições públicas que cumpram a condição de terem sido suficientemente testadas sobre sua aceitação pública potencial" (Plot, 2003: 15). Desdobramento e radicalização de um elemento sempre presente na lógica política, que é a busca do apoio do público, seu triunfo implica o esvaziamento de um modo alternativo do fazer político, que

Plot chama de "política ideológica" e que consiste na manutenção coerente de princípios, ainda que possam parecer impopulares, e na ação/discurso inovadora. As razões do triunfo da "má" política sobre a "boa" apontam para os suspeitos de sempre, isto é, os meios de comunicação de massa.

As insuficiências dessa abordagem principiam pela própria dicotomia que separa as "verdadeiras" obras de arte de suas falsificações, com base na abertura ou predeterminação de efeitos, presente no conceito do kitsch estético. Em sua influente definição da "obra aberta", Umberto Eco ressalta a participação ativa do leitor, ouvinte ou espectador; "cada fruição é, assim, uma *interpretação* e uma *execução*, pois em cada fruição a obra revive dentro de uma perspectiva original" (Eco, 1988a [1962]: 40). Mas, a rigor, essa característica não é distintiva. Todo conteúdo simbólico, incluídos aí tanto obras artísticas quanto discursos políticos, pode sofrer diferentes apropriações por parte de seus receptores. A maior indeterminação atribuída às obras consideradas superiores não vem, possivelmente, de características intrínsecas, mas da sedimentação de um conjunto de interpretações legitimadas por uma tradição crítica. O próprio Eco, voltando ao tema, observa que "a 'estrutura de uma obra aberta' não será a estrutura isolada das várias obras, mas o modelo geral [...] que descreve não apenas um grupo de obras, mas um grupo de obras enquanto postas numa determinada relação fruitiva com seus receptores" (Eco, 1988b [1967]: 29; ênfase suprimida). Sobretudo ao indicar que as obras são *postas* em certa relação com seus receptores, o trecho permite superar o que Bourdieu (1979) chama de "ideologia carismática" da criação e do consumo estéticos, entendendo que os atributos de "artisticidade" são produtos sociais.

A transposição do critério para o campo político é ainda mais problemática. Mesmo em se tratando da criação artística, é questionável a crença de que algum autor se abstenha por inteiro de buscar produzir determinados efeitos sobre seu público. Para a política, então, em que a disputa pelo poder nunca está ausente, tal crença é insustentável. Como observou Habermas, ao criticar a concepção de política de Hannah Arendt por não conceder espaço à competição estratégica: "A política não pode ser idêntica, como supõe Arendt, à práxis daqueles que conversam entre si, a fim de agirem em comum" (Habermas, 1980 [1976]: 115). O discurso político nunca deixa de ser um discurso *interessado* (e, assim, ao menos em potencial, conflituoso); tentar retirar tal característica em nome de uma percepção normativa de qual a maneira "certa" de se portar na esfera pública significa se colocar numa posição que inviabiliza a compreensão de qualquer fenômeno político real.

Assim, minha tentativa de construção de uma categoria de kitsch político segue em direção oposta à de Plot, sugerida, de maneira mais do que sumária, em texto anterior (Miguel, 2002: 178). Não há o compromisso normativo com o ideal de uma "boa política", a ser resgatada das influências negativas que a desvirtuam nas sociedades contemporâneas. O que se procura é entender *uma das condições de eficácia do discurso político, que passa exatamente pelo descumprimento de preceitos de eficácia que, em geral, regem este mesmo discurso político*. Como pretendo demonstrar, o paradoxo está ligado ao estatuto ambíguo da representação política democrática; e a discussão serve para problematizar alguns aspectos da utopia deliberacionista, de inspiração habermasiana, que hoje assume a posição de principal farol teórico para quem deseja melhorar a qualidade das democracias (cf. Miguel, 2014).

Para tanto, escolho como ponto de partida outra característica definidora do kitsch artístico, em vez da imposição de efeitos pré-fabricados sobre seus consumidores, como fez Plot. É a aspiração do kitsch à artisticidade. Enquanto o brega se expõe na sua nudez de artefato comercial – e o naïf, ao contrário, encontra em sua própria despretensão um meio de ascender à condição de realização estética –, o kitsch incorpora signos que são socialmente reconhecidos como pertencentes à "verdadeira arte", tentando legitimar-se através deles. Este é o ponto central (e ao qual retornarei) na transposição do conceito para o campo da prática política.

Na era da comunicação de massa, o discurso político precisou se adaptar às formas e fórmulas dos novos veículos, bem como às suas rotinas produtivas. Conforme uma vasta literatura não se cansa de apontar, o político midiático é aquele que entende que seu público foi educado pela linguagem dos meios eletrônicos, sobretudo a televisão, e assim se adapta a esse ambiente. Ele possui uma preocupação redobrada com sua imagem visual, entendida como um poderoso transmissor dos atributos simbólicos que deseja possuir, uma vez que, no público, a visão é o sentido dominante e se sobrepõe até à reflexão racional. Ele evita pronunciamentos longos e raciocínios aprofundados, uma vez que a prática do telejornalismo é a reportagem curta, com *sound bites* de duração reduzida, e a programação de entretenimento também privilegia uma edição movimentada, para não dizer frenética. Ele sabe, sobretudo, que o discurso político é um "estranho no ninho" dos meios eletrônicos e procura apagar ao máximo os signos de dissimilitude, mimetizando o feitio narrativo predominante na programação, a edição picotada, o tom leve ou os formatos da publicidade comercial.

Ainda que excessivamente unilateral, esse entendimento das transformações do discurso político na era da televisão está, em linhas gerais, correto. Menos aceitável é o subtexto, quase sempre implícito, de que os meios eletrônicos "deturparam" a comunicação política, que antes se desenrolaria em nível muito mais elevado. Christopher Lasch pode suspirar pelos debates Lincoln-Douglas, que combinavam "análise exaustiva de questões complexas", "sinceridade" e "posições claras" (Lasch, 1995: 192). Mas os políticos do século XIX também precisavam dominar um conjunto de ferramentas retóricas para atingir de maneira mais eficaz suas plateias. Lincoln e Douglas não encenaram sete debates em diferentes cidades, na campanha ao senado por Illinois em 1858, como um enfrentamento puro de ideias. Eles cuidavam de suas *personas* públicas e treinavam suas técnicas de persuasão, tal como fazem os políticos de hoje. Dominavam as armas da retórica, calibravam a entonação de voz, conheciam o repertório mental de seu público e sabiam quais valores o sensibilizavam.

Hoje, é claro, conhecer as regras da retórica tradicional não é forçosamente o melhor bilhete de ingresso para o centro da arena política. As habilidades necessárias para o sucesso na luta política mudaram porque mudou o ambiente em que tal luta se dá. O extraordinário desenvolvimento dos meios de comunicação de massa é um elemento fundamental desta transformação, mas não é o único. Também é relevante a *democratização* do processo político, no sentido de que mais pessoas são chamadas a participar, ao menos no momento eleitoral, e manifestam menos deferência aos seus superiores sociais. Ou seja, o político fala num ambiente diferente, moldado pela mídia, mas fala também para um público diferente. Não por acaso, a crítica conservadora que lamenta o declínio na qualidade dos governantes apresenta outro vilão, além da emergência dos meios eletrônicos de comunicação: o sufrágio universal (para uma ampla resenha, ver Losurdo, 2004 [1993]).

O que se está dizendo aqui não deve obscurecer o fato de que o discurso político na mídia *não* mimetizou integralmente o formato predominante da programação. Na medida em que reconhece este fenômeno, a literatura predominante tende a percebê-lo como a manifestação "residual" de uma lógica política que ainda não conseguiu se amoldar plenamente às exigências do novo ambiente em que se processa:

> Tudo aquilo que na telepropaganda parece não se adaptar, ou se adapta mal, à lógica dos meios deve ser, de preferência, excluído ou reduzido ao mínimo,

se excluído não puder ser. Este resíduo (os discursos longos, com raciocínios sutis ou sofisticados, ou que exijam grande competência cultural do espectador, por exemplo) é o inevitável aspecto tedioso e frio da telepropaganda, extemporâneo da lógica do entretenimento ou, para usar o termo característico desta época de velocidade e leveza, é o aspecto chato da propaganda política. (Gomes, 2004: 206; ênfase suprimida)

Apresento aqui uma perspectiva divergente. O ajuste imperfeito entre o discurso político e a lógica da mídia de massa não deve ser entendido como um sintoma de incapacidade de fazer melhor, mas como uma condição mesma da eficácia política daquele discurso. O objetivo do político não é entreter sua audiência, mas transformá-la em apoio – crucialmente, nos períodos eleitorais, em votos. É necessário entretê-la, já que sem cativar de alguma maneira sua atenção não será possível arrebanhá-la, mas este é um *meio*, não um *fim* em si mesmo.

Assim, o paralelo mais adequado não é do discurso político midiatizado com a programação corrente, de entretenimento ou mesmo jornalística, mas com a publicidade comercial. A publicidade comercial não visa entreter, mas vender; nesse sentido, um mau anúncio (do ponto de vista da criatividade, da técnica ou da fruição estética que provoca no público) pode ser *melhor* do que um "excelente" anúncio, ganhador de Leões de Ouro em Cannes, desde que proporcione a venda de mais produtos ou contribua mais para a fixação de uma marca. Da mesma forma, a meta do político é a ampliação de sua base de apoio. O folclórico José Maria Eymael pôde afirmar que sua candidatura à presidência da República, em 1998, teve como principal fruto tornar seu jingle conhecido em todo o Brasil ("ey, ey, Eymael, um democrata cristão..."), mas tal excentricidade apenas confirma a adequação do adjetivo "folclórico" aplicado a ele.

Na busca da adesão de sua assistência, o político deve marcar a si mesmo com os sinais das qualidades que o tornam merecedor do apoio popular. Por vezes, tais sinais podem ser indicados pela adoção de um formato de discurso que se choca com o corrente. O "falar bonito" – que implica em usar palavras difíceis, construções mais elaboradas, termos técnicos, enfim, empecilhos à comunicação fluida com o receptor – é percebido como indício de educação, de cultura e de familiaridade com problemas que, para outros, são arcanos. Incapaz de deglutir o conteúdo da fala, o receptor é perfeitamente competente, por outro lado, para decifrar os signos de distinção embutidos em sua forma.

Há que acrescentar, ainda, que – por mais que tantos comentaristas afirmem que a política é hoje um ramo do *show business* – o cidadão comum não espera nem deseja que seu líder seja um *entertainer*. Se a política perdeu relevância nas sociedades contemporâneas, em que as decisões fundamentais são cada vez mais tomadas à margem da esfera do poder público, ainda faz parte do jogo aceitá-lo como da maior seriedade e importância. O homem ou a mulher que desejam fazer parte dele podem precisar dos talentos de um comunicador, mas não convém aparentá-los. O público quer "estadistas", não apresentadores de programas de auditório. O excesso de mimetismo da linguagem midiática pode ser, assim, contraproducente.

O discurso político, portanto, precisa buscar um delicado equilíbrio entre as estratégias de simplificação e aproximação com seu público, necessárias para estabelecer a comunicação, e as pitadas de distinção, que marcam a superioridade social daquele que o enuncia, credenciando-o com os atributos de seriedade, preparo e competência que este mesmo público julga necessários para o exercício das funções públicas. Não há um ponto correto, determinado de antemão, já que a estratégia discursiva mais adequada é determinada pelas características do público, pelo momento político e, em especial, pelas características da *persona* que o político deseja projetar. Dito de outra forma, o que vale para um político não vale para o outro; o que funciona em determinadas circunstâncias fracassa em outras.

É essa oscilação entre o produto de consumo fácil e a obra de qualidade elevada que pretendo apontar como característica definidora do kitsch estético, aplicável também ao campo político. Sem descartar outros elementos do conceito, como a imposição de efeitos pré-fabricados, Umberto Eco ressalta, no kitsch, o fato de se constituir em "meio de afirmação cultural fácil, por um público que se ilude, julgando consumir uma representação original do mundo enquanto, na verdade, goza apenas de uma imitação secundária da força primária das imagens" (Eco, 1993 [1964]: 69). O kitsch, prossegue o semiólogo italiano, "tende continuamente a sugerir a ideia de que, gozando destes efeitos [fáceis], o leitor esteja aprimorando uma experiência estética privilegiada" (Eco, 1993 [1964]: 71; ênfase suprimida).

O kitsch político, portanto, remete às estratégias discursivas de distinção, que propiciam ao cidadão a sensação de acompanhar a "alta política" – associada à "disputa de ideias", à discussão aprofundada, ao confronto entre projetos, a perspectivas de longo prazo – quando, de fato, o que tem diante de si é apenas a política *tout court*, isto é, homens e (algumas) mulheres lutando por posições de poder. Acompanhando (pretensamente) a "alta política", o cidadão comum se sente elevado, mas também excluído, já que é uma esfera que estaria além de sua participação ou mesmo compreensão.

Convém ressaltar que a correta apreensão por parte do público *não* é uma condição necessária para a eficácia do discurso político. Ao relatar curiosas confusões por parte dos trabalhadores ingleses radicais do início do século XIX, que, por exemplo, entendiam a palavra de ordem "sufrágio universal" como sendo sinônimo de um solidário "sofrimento universal" (se um sofre, todos sofrem junto), E. P. Thompson anota que "ideias e termos" podem ter "um valor mais fetichista do que racional" para os militantes (Thompson, 1987 [1963], v. III: 305). Aqui, na verdade, estou postulando algo menos: não a adesão irracional a um *slogan* enigmático, mas a permeabilidade aos supostos signos de uma competência que não se sabe avaliar.

Se o kitsch artístico é "o estilema separado do próprio contexto, inserido em outro cuja estrutura geral não possui as mesmas características de homogeneidade e necessidade da estrutura original" (Eco, 1993 [1964]: 110; ênfase suprimida), o kitsch político é o fragmento do discurso elaborado, profundo, deslocado de sua origem, transformado em ornamento de outro discurso. Tornado, a rigor, um significante que apenas falsamente remete a um significado original, já que seu sentido é apenas denotar as qualidades superiores daquele que o emite.

A eficácia – dir-se-ia quase a *necessidade* – do emprego do kitsch no discurso político está associada às peculiaridades de um regime político que se quer tanto democrático quanto representativo. Nas sociedades contemporâneas de tipo ocidental, a soberania pertence nominalmente ao povo, mas o poder é exercido por um pequeno grupo de pessoas. A relação entre o povo, titular do poder, e aqueles que o exercem em seu nome é tênue. A intervalos regulares, o povo é chamado a *autorizar* os governantes, por meio do processo eleitoral. Uma vez autorizado, o representante não possui qualquer compromisso formal de respeitar as vontades de seus constituintes. Apenas sabe que, se quiser renovar seu mandato, precisará do apoio dos eleitores na próxima disputa.

O espaço da representação na política não se reduz, é claro, à autorização eleitoral. Ainda que na ausência de mandatos formalmente concedidos, os líderes políticos representam determinados grupos sociais, definidos por classe, profissão, moradia, opinião ou outro critério, atuando como seus porta-vozes na esfera pública. A representação política, portanto, não se vincula necessariamente à democracia política. Em sociedades tradicionais, os superiores hierárquicos aparecem como *representantes* de seus subordinados, da mesma forma como se diz que um monarca *representa* o conjunto da nação. Nesse sentido, a representação política está vinculada à capacidade de falar em lugar de outro, o que vai levar um de seus mais importantes teóricos a observar que é a presença de um representante que gera um grupo social, pois o grupo não existe enquanto tal se não tem uma voz na qual se reconhecer e constituir sua unidade (Hobbes, 1980 [1651]: 135).[2]

A democracia, por sua vez, nasce dissociada da representação. Não que a representação política estivesse ausente da Atenas antiga, de onde tiramos a palavra e, mais importante, uma parcela significativa do imaginário associado à democracia. No sentido de *falar em lugar de alguém*, a representação sempre esteve presente, uma vez que nem todos os cidadãos participavam das assembleias populares e, entre os que estavam presentes, poucos tomavam a palavra. Muitos cidadãos, portanto, se julgavam representados nas falas de outros (Finley, 1988 [1973]). Isso não quer dizer que não houvesse uma diferença radical entre o modelo ateniense e os regimes democráticos contemporâneos. Em Atenas, para aqueles que tinham acesso à cidadania, ser representado era uma *opção*. Sempre havia a possibilidade de se fazer ouvir no espaço de tomada de decisões, pois um dos elementos centrais da democracia antiga era a isegoria, isto é, o direito igual à fala na ágora.

Se, entendida em sentido lato, a representação era um componente da política ateniense, como o é de qualquer organização política, por outro lado o pensamento antigo excluía da democracia o mecanismo da eleição, que hoje encaramos como a forma principal de escolha de representantes. Até, pelo menos, o século XVIII, a eleição era vista como um mecanismo tipicamente aristocrático, voltado a selecionar "os melhores". Um regime democrático fundava-se na crença da igualdade entre todos os cidadãos; nada mais natural, portanto, que sua forma característica de preenchimento de cargos públicos fosse o sorteio.

Em seu estudo sobre as origens dos governos representativos contemporâneos, a partir das revoluções inglesa, americana e francesa, Bernard Manin observa que nossas "democracias representativas" não nascem como uma evolução ou adaptação dos ideais antigos de soberania popular a novas condições sociais (Estados extensos e populosos, maior complexidade dos negócios públicos), mas como fruto de uma busca deliberada pela contenção do elemento democrático. Tratava-se de garantir o monopólio do governo por parte de indivíduos seletos, cujo discernimento, inteligência e virtude cívica – além da posição na hierarquia social e da riqueza – seriam superiores aos da massa da população.

"O fato fundamental sobre as eleições", diz Manin, "é que elas são simultânea e indissoluvelmente igualitárias e desiguais, aristocráticas e democráticas" (Manin, 1997: 149; ênfase suprimida). O polo democrático é o eleitorado; os eleitos são a faceta aristocrática. Essa ambiguidade é estruturante de várias das características da luta política nas democracias representativas contemporâneas. Os candidatos às posições de liderança precisam, a um só tempo, parecer idênticos a seus constituintes, cujos interesses, opiniões ou perspectivas desejam representar, e distintos deles, já que devem indicar que são capazes de desempenhar esta representação melhor do que quaisquer outros.

O discurso político deve se curvar diante de tais constrangimentos, esforçando-se por sinalizar identidade *e* distinção, marcando o emissor como alguém que é "gente como a gente", mas que, também, é mais capaz do que nós. Sendo um discurso permanentemente interessado, falta-lhe sempre a "autenticidade" que se espera nas relações interpessoais.[3] O que há de *fake* no discurso político, porém, não se resume àquilo que venho chamando de kitsch, e que designa o componente de distinção. A impressão de identidade também é construída por meio de artifícios, que fazem com que políticos oriundos das elites ganhem roupagem popular ou se aproximem de setores da população estranhos à sua trajetória. A qualidade e intensidade do investimento, por sua vez, dependem das circunstâncias. Se Fernando Henrique Cardoso, em campanha eleitoral, subia num jegue e garantia ter um "pé na cozinha", Luiz Inácio Lula da Silva, partindo de uma posição oposta, aprimorava o vocabulário, incluindo construções menos usuais e termos técnicos extraídos da economia ou da geografia.

Cabe anotar, aqui, outra diferença que separa a democracia representativa que nós temos da democracia direta da Grécia antiga. A liderança política era um fator atuante na democracia ateniense, a tal ponto que identificamos períodos inteiros com os líderes de maior destaque (Sólon, Clístenes, Péricles). Não resta dúvida de que esses homens dispunham de competências especiais, tornando-se intérpretes da multidão e manejando-a a seu favor. No entanto, as diferenças deveriam ser apagadas, como demonstra não apenas a existência de uma instituição como o ostracismo, que privava dos direitos políticos aqueles que se destacassem em demasia, mas também o esforço retórico despendido para refutar a presença de qualquer qualidade distintiva – aí incluído o próprio domínio da retórica, ferramenta essencial da disputa política. Trata-se da demonstração do império de uma ideologia radicalmente igualitária ou daquilo que um estudioso das elites políticas atenienses chamou de "hegemonia ideológica das massas" (Ober, 1989: 333).

A crença igualitária, que até Tocqueville era considerada constitutiva da democracia, foi debilitada com a ascensão do que Manin chama de "princípio da distinção" – o governo deve ser confiado aos melhores, em oposição ao "princípio da rotação", segundo o qual todos devem governar e ser governados alternadamente, vigente na democracia antiga. A busca da distinção está presente também no kitsch estético, que representa, para seus consumidores, uma busca de elevação. De acordo com a definição de Umberto Eco citada anteriormente, o significativo não é que o kitsch provoque em seus admiradores um gozo estético que é recusado por gostos mais refinados, mas que ele sugira (falsamente) que se trata de uma obra de arte legítima. O ponto não é gostar de estatuetas de *biscuit*, de Ray Conniff ou de Milan Kundera, mas de imaginar que se tratam de esculturas "verdadeiras", de música orquestral "de categoria" ou de "alta" literatura e que seriam capazes de promover a distinção social associada à sofisticação artística.

Da forma como coloca a questão em *Apocalípticos e integrados*, Umberto Eco permanece vinculado à crença na artisticidade intrínseca das obras superiores. É possível superar este limite aproximando a discussão sobre o kitsch da análise que Pierre Bourdieu faz da relação entre distinção social e consumo cultural. Sob este prisma, o consumidor do kitsch é incapaz de avaliar o valor de mercado simbólico dos diferentes produtos culturais. Trata-se, na verdade, de uma armadilha da qual não pode escapar: se consumisse as obras "certas", elas se desvalorizariam pelo simples fato de congregarem os consumidores "errados" (Bourdieu, 1979).

Para a maior parte das pessoas, está vedada a possibilidade de uma expressão própria, significativa, quer no campo artístico, quer no campo político. Um discurso consolador quer nos fazer crer que todos fazemos política e também que todos fazemos arte, o que de certa forma pode ser verdade. Mas a política e a arte do cotidiano são quase sempre impotentes para ingressar nos respectivos campos sociais e, neles, fazerem diferença. A liberdade formal de expressão, elemento crucial do ordenamento jurídico das democracias representativas, não garante a possibilidade de enunciação de discursos políticos (ou artísticos) efetivos. Para tal, são necessários certos recursos materiais e, sobretudo, a posse de certas competências, socialmente adquiridas, que permitem a formulação de um discurso que será reconhecido como político ou artístico.

Na ausência de tais competências, o discurso perde legitimidade e não é reconhecido por aqueles que integram o campo. Assim, a expressão artística das classes subalternas é quase sempre desqualificada como depoimento ou então circunscrita ao artesanato ou ao folclore. Basta lembrar da recepção dada à literatura de Carolina Maria de Jesus, valorizada apenas por seu elemento testemunhal, ou que o interesse despertado pela obra de um Arthur Bispo do Rosário esteja sempre vinculado ao conhecimento de sua biografia, elemento que parece dispensável quando se trata de artistas plásticos como, digamos, Farnese de Andrade ou Nelson Leirner (para permanecer entre criadores que trabalham com *assemblage*).[4]

Na política, a voz popular tende a ser restrita à posição de ilustração de uma determinada posição, veiculando demandas ou posturas afetivas que o "verdadeiro" discurso político vai elaborar. Na qualidade de porta-voz, o representante é aquele que sabe expressar o que sua base deseja; e como o discurso também constitui o mundo, ao expressá-las ele também vai construindo as demandas que representa.

O kitsch contribui para marcar a distância entre o discurso corrente, que é também o da mídia, o discurso que o cidadão comum poderia enunciar e o discurso "elaborado" da política, produzindo um efeito legitimador. Ele pode ser entendido como parte do mecanismo de dominação que contribui para fechar o campo político à intrusão dos leigos. Como observa Bourdieu,

> a linguagem dominante [no campo político] destrói, ao desacreditá-lo, o discurso político espontâneo dos dominados: não lhes deixa outra opção que não o silêncio ou a *linguagem emprestada*, cuja lógica não é mais a do uso popular, sem ser a do uso culto, linguagem enguiçada, onde as "palavras elevadas" estão presentes apenas para assinalar a dignidade da intenção expressiva e que, nada podendo transmitir de verdadeiro, de real, de "sentido", priva aquele que a fala da experiência mesma que julga exprimir. (1979: 538)

A exigência de adequação ao padrão considerado correto de discurso político é, assim, um dos principais mecanismos pelos quais o campo político exclui os que não devem participar dele e adequa seu formato formalmente democrático ao modo oligárquico com que funciona.

A compreensão da política como um campo estruturado, capaz de excluir, de cobrar adequações, de impor constrangimentos, permite romper com o normativismo ingênuo que prescreve as regras de uma boa política voltada ao entendimento mútuo. O ideal da chamada democracia deliberativa, inspirado na ação comunicativa habermasiana, mostra-se infrutífero para enfrentar os problemas da democracia contemporânea por pressupor que a capacidade de emitir discursos políticos é igualmente compartilhada por todos.[5]

O campo político possui materialidade – no mesmo sentido em que Althusser afirmava que a ideologia tem existência material, isto é, produz as práticas humanas. Os excluídos da política tendem a excluir a si mesmos, introjetando o sentimento de incompetência e conformando-se em *calar* ou *ser falados* por outrem. Quando, a despeito disso, falam, sua fala tende a ser negligenciada, pois carece dos signos de legitimidade para que seja ouvida. Uma fala, ademais, frequentemente insegura, pois ciente de seu caráter transgressor. Em situações assim, como observa Bourdieu, não são raros o enrubescimento, a gagueira, o tremor: "maneira de vivenciar, por vezes com conflito interior e clivagem do eu, a cumplicidade subterrânea que um corpo, que se subtrai às diretivas da consciência e da vontade, mantém com as censuras inerentes às estruturas sociais" (1998b: 45). Os signos de inadequação – e de ilegitimidade – se tornam, assim, ainda mais patentes.

Mais do que buscar o espaço utópico da "discussão livre e desinteressada entre iguais", como fazem os democratas deliberativos, o aprimoramento da democracia – sua aproximação com o ideal que a palavra carrega – exige a transformação do campo político, dando instrumentos para que os grupos subalternos ingressem nele. Até lá, o discurso político permanecerá como uma ferramenta de exclusão; e o kitsch político é um índice dessa postura excludente.

Mas o paralelo aqui feito entre a expressão artística e a política não deve obscurecer as diferenças que as separam – e que afetam a posição do kitsch em cada uma delas. A produção artística é marcada pela busca da voz individual, da originalidade, bem como pela recusa do que é "fácil". Nela, a popularidade costuma se tornar um estigma; o verdadeiro artista, afinal, deve estar à frente de seu tempo, deve assustar o bom gosto burguês, deve vencer os preconceitos. Apropriação de repertórios já consagrados, simplificados e pasteurizados para o consumo das massas, o kitsch é uma contrafação que só engana os completamente despossuídos de competência para julgar.

Na política, porém, a popularidade é essencial. O capital político, como qualquer forma de capital simbólico, é conferido pelos integrantes do próprio campo: trata-se do reconhecimento pelos pares. Sobretudo – mas não só – em regimes de concorrência eleitoral, como os que vigoram no Ocidente, uma parte desse reconhecimento é devida à capacidade de obter o apoio dos profanos, isto é, daqueles que estão à margem do campo político. Não se trata de uma relação mecânica; um campeão eventual de votos (Agnaldo Timóteo em 1982, Celso Russomano em 1994, Enéas Carneiro em 2002, Tiririca em 2010, para citar apenas alguns exemplos) pode permanecer na posição de figura política mais do que secundária. Mas, como regra geral, a ampliação da capacidade de angariar apoio popular contribui para aumentar, não para diminuir, o capital político.

A relação entre distinção e identificação é, portanto, muito mais complexa no caso da política. Por isso, por se manter acessível ao mesmo tempo que promove a valorização simbólica de quem o emite, o kitsch é uma das formas-padrão do repertório do discurso político, quando dirigido aos cidadãos comuns, nas democracias representativas contemporâneas.

Na arte, a fronteira entre a expressão legítima e o kitsch é posta em questão por artistas reconhecidos – por museus, por críticos, por curadores – que absorvem a estética kitsch e oferecem a ela a guarida de sua própria autoridade simbólica. O nome mais célebre é o de Jeff Koons, com seus cachorros floridos gigantes, seus coelhinhos de plástico metalizado, suas pinturas de folhinha de mercearia ou mesmo a controversa parceria com sua ex-mulher, a estrela do cinema pornô Cicciolina, de quem exibiu fotografias com conteúdo sexual explícito.[6] A rigor, trata-se da atualização de uma velha estratégia de desconstrução dos critérios de valoração artística, iniciada nos primeiros anos do século XX pelos *ready-mades* de Marcel Duchamp. No campo político, porém, não há espaço para vanguardas. O kitsch cumpre seu propósito de alavancar o apoio das bases; não esconde um discurso "autêntico" ou "elevado" por trás dele, já que tal discurso não existe.

O que a discussão sobre o kitsch expõe é a ambiguidade do estatuto atual da política, que se mantém como atividade para poucos, embora se democratize; e que se mantém como atividade elevada, séria, embora seus atores estejam competindo pela atenção pública num ambiente dominado pelo entretenimento. É necessário se adequar ao discurso corrente da mídia, para não alienar o público, mas ao mesmo tempo preservar suas marcas de distinção – da mesma forma como a competição política exige a utilização de técnicas publicitárias, mas, caso expostas em excesso, elas se tornam problemáticas. Estigmatizado como produto de marketing, o político fica vulnerável à acusação de não ter personalidade, nem projeto, enfim, de não possuir as qualidades especificamente *políticas* que deveriam credenciá-lo.

O político é alguém que participa do mundo da mídia, mas deve manter a dignidade e não se curvar a todas as suas imposições. Para quem julga a política de hoje pelos padrões de um passado mítico, pode parecer chocante que candidatos à presidência sejam entrevistados em programas humorísticos, que um presidente eleito tenha atuado como comentarista de um telejornal, que senadores participem da gravação de uma telenovela ou que uma presidente da República prepare omeletes num programa "feminino".[7] Mas candidatos à presidência não são humoristas (ao menos não voluntariamente), presidentes não são apresentadores de televisão, senadores não são artistas de novela. O público não os confunde; e, mesmo nesses ambientes, o discurso político permanece distinto.

Em outras palavras: é possível focar nossa atenção no fato de que o então vice-presidente dos Estados Unidos, Al Gore, foi convidado a empinar uma vassoura sobre o nariz num programa de variedades da televisão (Gabler, 1999 [1998]: 114). Mas convém não esquecer de que Al Gore se recusou a fazê-lo; e de que a proposta nos parece tão ousada exatamente por aviltar a aura de dignidade que, bem ou mal, a política ainda é capaz de carregar.

O discurso político precisa se adaptar ao novo ambiente gerado pelos meios de comunicação de massa, bem como a prática política incorpora os recursos que lhe são fornecidos pelas técnicas publicitárias e pelo marketing. Mas é uma apropriação seletiva, que pressupõe uma negociação tácita entre a mídia, que detém os instrumentos de produção da visibilidade social, e o político, que conhece ou intui os limites para além dos quais sua exposição pública se torna contraproducente.

NOTAS

[1] Em outras línguas, a coleta foi igualmente minguada: "kitsch político/*politico*", recuperando a expressão em português, espanhol e italiano, acusou 1.610 páginas; "*politischer Kitsch*", em alemão, não passou de 956; e "*Kitsch politique*", em francês, apenas 832.
[2] Em sua teoria da representação, Hobbes está preocupado em negar a possibilidade – indicada por autores protodemocráticos, como Althusius (2003 [1614]: 252) – de existência de um povo sem príncipe. Sem a autoridade, não há um povo, apenas uma multidão atomizada.
[3] É claro que, a rigor, tal "autenticidade" sempre nos escapa, uma vez que construímos permanentemente nossas *personas*, nos diversos ambientes que frequentamos: o processo de "representação do eu", como analisou Goffman (1959).

4 A permeabilidade da música popular a artistas das classes subalternas é evidência de seu baixo prestígio, nos termos de Bourdieu (1979). A música erudita, por sua vez, apresenta a situação oposta.
5 Para uma crítica aprofundada, ver Miguel (2014, cap. 2).
6 Cicciolina, não custa lembrar, representou um símbolo da "degradação" da política ao se eleger para o parlamento italiano em 1988. Ao contrário da interpretação convencional que circulava na época, sua eleição não representou um sintoma de crise por ela ser "pouco séria" ou por ter realizado uma campanha em que a única plataforma apresentada eram os seios da candidata. Pessoas ainda menos sérias, com programas políticos ainda menos consistentes, frequentam os parlamentos "desde sempre". O novo, na campanha e na vitória eleitoral de Cicciolina, é a forma de articulação entre a política institucional, o campo político e a esfera pública. São numerosos os casos em que a notoriedade obtida em espaços variados da esfera pública é convertida em votos, possibilitando que pessoas públicas não detentoras de capital especificamente político (artistas, esportistas, religiosos) concorram e sejam eleitas para o parlamento e, menos frequentemente, para o Executivo. Eventualmente, o novo parlamentar se desvincula da popularidade obtida em sua área de atuação original e passa a acumular capital político. Torna-se um integrante de pleno direito do campo político, não mais um forasteiro. Em todos esses casos, há uma direção bem definida: de um foco produtor de popularidade inicial para o parlamento (política institucional), e daí, quando possível, para o campo político. No caso de Cicciolina, essa direção é subvertida. O campo político deixa de ter importância; o parlamento não é mais um objetivo relevante. Torna-se apenas um elemento de uma estratégia publicitária, voltada afinal para sua própria origem, o mercado de produtos pornográficos. Ao contrário dos outros, Cicciolina não usou sua popularidade para ingressar no parlamento. Usou a campanha eleitoral e o próprio parlamento para ampliar sua popularidade. Relegando o parlamento a uma peça de marketing, a *pornstar* italiana dramatizou a crise da política institucional nas sociedades contemporâneas.
7 Não custa lembrar que, no passado, os líderes políticos também procuravam aparecer de forma mais informal diante de seu público – por exemplo, frequentando os salões da "sociedade". O desenvolvimento da comunicação de massa ocorre em paralelo com a ampliação do público relevante para o político.

IGUALDADE E OPORTUNIDADE NAS CAMPANHAS DE LULA

Luis Felipe Miguel

Na segunda metade dos anos 1970, o discurso e a prática da esquerda brasileira foram renovados com o surgimento do "novo sindicalismo", na região industrial do ABC paulista, e, em seguida, em 1980, do Partido dos Trabalhadores (PT). Sob a liderança de um operário metalúrgico, Luiz Inácio da Silva, o Lula, presidente do Sindicato dos Metalúrgicos de São Bernardo do Campo e depois do PT, brotava em plena Ditadura Militar uma nova forma de fazer política popular, com todas as promessas e com todos os equívocos de algo ainda em construção.

Ao contrário de uma certa mitologia, que o próprio PT gostava de propagar, o "novo sindicalismo" e o próprio partido não brotaram do nada. Eles aproveitaram décadas de experiência dos movimentos populares e dos conflitos trabalhistas no Brasil. Entre os fundadores do partido estavam velhos dirigentes das lutas operárias, intelectuais com décadas de compromisso com a causa do socialismo, militantes cristãos calejados pelo trabalho nas comunidades de base e veteranos combatentes comunistas – emblematizados pela figura ímpar de Apolônio de Carvalho, que combateu pela República na Espanha dos anos 1930, participou da Resistência francesa contra o nazismo e, após o golpe de 1964, liderou o Partido Comunista Brasileiro Revolucionário, uma das dissidências do Partido Comunista Brasileiro que se encaminharam para a luta armada.

Feita a ressalva, é necessário reconhecer a novidade que o PT representou.[1] O diferencial que Lula e, por tabela, o Partido dos Trabalhadores traziam à cena política brasileira era – como Haquira Osakabe (1987) disse de maneira feliz – uma "palavra imperfeita". Imperfeita não apenas porque transportava para a arena política, de forma inédita no Brasil, a prosódia e a sintaxe próprias das classes populares. Imperfeita sobretudo porque não se prendia às fórmulas acabadas, aos modelos prontos das esquerdas tradicionais e, muito menos, das elites estabelecidas. O discurso se alimentava da experiência vivida dos trabalhadores e dos embates cotidianos dos movimentos sociais.

Pouco mais de duas décadas depois de sua fundação, nas eleições gerais de 2002, o PT chegou ao governo. Foi a quarta candidatura presidencial de Lula. Em 1989, ele foi a grande surpresa da eleição, chegando ao segundo turno e ameaçando a vitória do candidato da direita, Fernando Collor de Mello. Esse desempenho foi fundamental para consolidar o PT como a principal referência da oposição brasileira. Lula liderou por longo tempo as pesquisas de intenção de votos das eleições seguintes, ocorridas em 1994, mas foi atropelado pelo sucesso do plano de estabilização econômica, que garantiu a vitória de Fernando Henrique Cardoso. Em 1998, foi montado um verdadeiro rolo compressor para garantir a reeleição de Cardoso, candidato único das forças conservadoras, mobilizando os principais grupos econômicos instalados no país, a mídia, a quase totalidade da elite política e a máquina estatal. Ainda assim, Lula obteve mais de 21 milhões de votos, ampliando em 25% o eleitorado de quatro anos antes.

Entre a primeira tentativa e a vitória em 2002, o Partido dos Trabalhadores mudou significativamente. Em 1989, tratava-se de uma legenda pequena, situada nas margens do campo político brasileiro, marcada por duas *recusas* importantes. Tinha se recusado a apoiar o candidato "consensual" da transição do poder aos civis, o velho político democrata, mas conservador, Tancredo Neves, em 1985. E se recusara, depois, a assinar a Carta Constitucional de 1988, considerada atrasada. Sua experiência administrativa estava limitada a algumas prefeituras de grande porte, com destaque para São Paulo, conquistadas nas eleições do ano anterior. Já em 2002, o PT governava cinco estados, entre eles o Rio de Janeiro e o Rio Grande do Sul.[2] Na Câmara Federal eleita em 1986, os deputados petistas não passavam de 16 – ao passo que, em 2002, o partido elegeria a primeira bancada, com 91 deputados.

Não foi só o crescimento do PT. De seu nascimento até as eleições de 2002, o discurso do partido – e de seu principal líder – também se transformou. Ganhou sofisticação, fruto de décadas de aprendizagem e reflexão sobre os problemas nacionais. Mas, sobretudo, adaptou-se aos padrões do discurso político dominante, em forma e em conteúdo.

Em 1982, o PT viveu seu primeiro embate eleitoral, com resultados poucos auspiciosos. Colheu uma minguada bancada de oito deputados federais em todo o país e Lula, candidato ao governo de São Paulo, amargou um penúltimo lugar. A chamada "Lei Falcão", estabelecida pela ditadura após a derrota de seu partido nas eleições de 1974, cerceou a disputa política na campanha, limitando a propaganda na mídia eletrônica à leitura do currículo de cada candidato – acrescida, no caso da televisão, da exibição de uma foto de seu rosto. Ainda assim, o partido buscava enfatizar seu diferencial. Na campanha, utilizava o *slogan* "Trabalhador vota em trabalhador"; isto é, apresentava-se como representante de uma classe social, demarcando seu campo de todos os outros que, na oposição ou a favor do Regime Militar, vinculavam-se à política tradicional e ao capital. No estado de São Paulo, um elemento simbólico reforçava a mensagem: não era a voz educada de um locutor que lia os currículos dos candidatos, mas sim a de Lula.

Ao final do Regime Militar, o PT ampliava sua presença nos movimentos sociais, mas parecia condenado a uma posição secundária – se tanto – no jogo político tradicional. Em 1985, o partido não aceitou a negociação que levou à devolução do poder aos civis. Enquanto a oposição mais moderada e dissidentes do regime davam a vitória à chapa Tancredo Neves/José Sarney no Colégio Eleitoral montado pela ditadura, os petistas recusavam-se a participar do processo, insistindo na necessidade de convocação de eleições diretas para presidente. Três deputados federais, quase metade da pequena bancada, saíram do PT por discordar dessa postura.

Ainda em 1985 foram realizadas eleições para as prefeituras das capitais e de outros municípios considerados "de segurança nacional" pelos militares, com fraco desempenho do PT, que venceu numa única capital – Fortaleza, uma cidade importante do Nordeste, mas sem peso na política nacional. No ano seguinte foram escolhidos os integrantes do Congresso Constituinte. Os partidos da coalizão governista obtiveram uma vitória arrasadora e os petistas fizeram apenas 16 deputados federais, de um total de 487.

Foi somente nas eleições municipais de 1988 que o PT despontou com alguma força eleitoral. Entre as cidades conquistadas pelo partido, estavam São Paulo – a mais populosa do país, com um orçamento que só perdia para a União e para o Estado de São Paulo – e Porto Alegre, capital do Rio Grande do Sul. Ainda assim, o desempenho de Lula nas eleições presidenciais do ano seguinte foi surpreendente para qualquer observador. Os candidatos dos partidos que davam sustentação ao governo foram arrastados pelo naufrágio da administração de José Sarney, obtendo votação irrisória. Mas restavam o veterano líder da esquerda, Leonel Brizola, ex-governador dos estados do Rio Grande do Sul e do Rio de Janeiro; o dissidente do governismo, encarnando uma oposição moderadamente progressista, Mário Covas; o populista de direita, Paulo Maluf; o representante da burguesia paulista, Guilherme Afif Domingos; e a face mais regressiva do latifúndio, Ronaldo Caiado. Todos possuíam mais recursos financeiros e maiores apoios das elites políticas locais do que Lula. No entanto, foi o candidato do PT que disputou o segundo turno contra Fernando Collor, político medíocre, até então sem maior projeção na política brasileira, governador de um pequeno estado nordestino, que congregara um amplo apoio dos grupos mais conservadores.

Parte significativa do êxito de Lula – e também de Collor – em 1989 pode ser creditada ao uso feito da mídia. Foram os dois candidatos que melhor souberam capitalizar o descontentamento generalizado com o governo Sarney, seja com um discurso de inequívoco teor socialista (Lula), seja apostando num moralismo reacionário (Collor). Mas também apresentaram os programas de televisão mais inovadores, revolucionando a linguagem da propaganda política no país. No caso de Lula, foi crucial a utilização do Horário de Propaganda Eleitoral Gratuita (HPEG), mecanismo da legislação brasileira que concede espaço obrigatório para os candidatos a cargos eletivos em todas as emissoras de rádio e de televisão. Presente na lei desde a década de 1960, o HPEG esteve durante muito tempo tolhido pela Ditadura Militar e fez sua estreia em eleições presidenciais em 1989. O PT dobrou suas intenções de voto no primeiro turno durante o período de exibição da propaganda eleitoral, passando de 7% para 14% (Lima, 1992: 133).

Nos programas de televisão, o PT e seus aliados do Partido Socialista Brasileiro (PSB) e Partido Comunista do Brasil (PCdoB), reunidos na Frente Brasil Popular, adotaram o formato da "Rede Povo", que, no nome, no logotipo e nas vinhetas, parodiava a Rede Globo, principal conglomerado de comunicações do país. Com slogans do tipo "Aqui você vê a verdade na tevê", a Rede Povo, como anotou Albuquerque (1999: 170), indicava sua pretensão de ser uma alternativa à mídia comercial, implicitamente acusada de apresentar uma versão distorcida da realidade. O programa político mimetizava a linguagem da programação normal de televisão, muitas vezes ecoando *sketches* humorísticos, anúncios publicitários ou telenovelas, e a campanha de Lula fez amplo uso de seus simpatizantes no meio artístico.

A estratégia de comunicação do PT em 1989 foi criticada como sendo um exemplo de degradação do discurso político, subordinado aos ditames da mídia comercial (Trejo Delabre, 1995). Baseada numa visão intelectualista da disputa política, a crítica não percebe que, para qualquer discurso contra-hegemônico, isto é, que se coloca contra "verdades" estabelecidas, é crucial encontrar mecanismos mais efetivos de comunicação com o público. Ao lançar mão do humor, da paródia e, de modo geral, da gramática própria da linguagem televisiva, o discurso não se torna necessariamente menos crítico ou menos lúcido do que se usasse as ferramentas tradicionais da retórica oral e escrita – ferramentas, aliás, que não são neutras, correspondendo às formas de expressão das classes dominantes.[3] A campanha de Lula alcançou um elevado grau de efetividade na comunicação com o público, exatamente pelo uso criativo que fez dos recursos televisivos, dialogando com o espectador comum. Também obteve relativo êxito em modificar a agenda da mídia durante o período, o que se deveu, ao menos em parte, ao despreparo das empresas de comunicação diante de uma eleição daquela magnitude (Miguel, 2004).

Foi a eleição de 1989 que firmou a existência de um espaço eleitoral sólido à esquerda e, dentro dele, do PT como referência central. Embora muito pequena (inferior a meio ponto percentual), a diferença entre a votação de Lula e de Leonel Brizola, do Partido Democrático Trabalhista (PDT), selou o futuro de seus respectivos projetos políticos. Lula passou ao segundo turno, no qual encarnaria a totalidade das forças da esquerda na disputa contra Collor, e Brizola se viu constrangido a apoiá-lo. O PDT tornou-se um partido cada vez mais secundário na política brasileira; nas eleições presidenciais seguintes, Brizola concorreu novamente, mas fez pouco mais de 3% dos votos. Em 1998, limitou-se a uma candidatura à vice-presidência – na chapa encabeçada por Lula.

Já o PT cresceu a cada pleito, ampliando o número de parlamentares e prefeitos, conquistando governos estaduais, firmando-se como a referência principal da esquerda brasileira, em torno da qual as muitas outras legendas orbitavam. Em todas as disputas presidenciais seguintes, Lula entrou como favorito, não como azarão. Contra ele, os grupos políticos tradicionais e o capital nacional e transnacional uniram-se em candidaturas únicas, repetindo, já desde o início da campanha, o apoio quase unânime dado a Fernando Collor no segundo turno de 1989. Em 1994 e 1998, Fernando Henrique Cardoso beneficiou-se da condição de candidato único das forças conservadoras e derrotou o PT. Em 2002, quando o bloco conservador se cindiu, Lula ganhou a eleição.

Tanto em 1994 quanto em 1998, a comunicação de campanha do PT se mostrou menos eficaz do que havia sido na primeira eleição presidencial. Em 1994, isso foi atribuído à legislação eleitoral, que proibiu o uso de diversos recursos da linguagem televisiva, com o objetivo declarado de aproximar o discurso político de um formato "ideal", em que as ideias fossem transparentes e o argumento, aprofundado. O resultado pretendido não foi alcançado e ficou reduzida a capacidade de comunicação com o público. Em 1998, as restrições haviam sido eliminadas, mas a ampla coligação de esquerda que apoiou Lula não foi capaz de superar o bloco de forças que buscava a reeleição de Fernando Henrique Cardoso. Em especial, os meios de comunicação de massa se mostraram impermeáveis às tentativas de agendamento de temas por parte do HPEG, restringindo a repercussão da propaganda eleitoral (Miguel, 2000a, 2004).[4]

Foi com essa bagagem de experiências prévias que o PT ingressou na campanha de 2002. Desde o início das negociações para a disputa presidencial, no entanto, ficou claro que o partido optara por uma guinada pragmática. Lula afirmava publicamente que não estava disposto a entrar numa quarta corrida eleitoral "para perder"; e o consenso entre os principais líderes petistas era que o fundamental "para ganhar" seria abrir-se à direita (Fraga e Zanini, 2002). Ainda em 2001, o candidato do PT sinalizava que gostaria de ter como vice em sua chapa o senador mineiro José Alencar, um dos maiores industriais do país. Para possibilitar a composição, Alencar filiou-se ao Partido Liberal (PL), uma agremiação de direita, com forte influência dos pastores da Igreja Universal do Reino de Deus, que viria a se coligar com o PT.[5] Mais tarde, a candidatura de Lula angariou outros apoios de antigos adversários, notadamente o ex-presidente e senador José Sarney e, no segundo turno, o poderoso coronel da política baiana, Antônio Carlos Magalhães (e, de forma mais discreta, também Paulo Maluf).[6]

Na medida em que Lula condicionava sua candidatura à possibilidade de costurar tais apoios, estava estabelecida uma forma de chantagem sobre a base do partido, que em grande medida resistia a eles. O desconforto de parcela importante do PT começou, na verdade, com a escolha do "marqueteiro" Duda

Mendonça para comandar a campanha de mídia. Mendonça era o nome mais notável da geração de especialistas em propaganda política que surgiu com o final da ditadura, combinando a excelência técnica da televisão no país, a inventividade da premiada publicidade comercial brasileira e a influência dos modelos estadunidenses de comunicação política. Com a realização de eleições a cada dois anos, gerou-se uma indústria rentável, que expandiu suas atividades para o exterior, em especial países da América do Sul e da África de expressão portuguesa.

Embora a esquerda e, especialmente, o PT tenham sido pioneiros na identificação das potencialidades eleitorais do uso criativo da mídia eletrônica na política brasileira ao final do Regime Militar (Carvalho, 1999), a ação dos marqueteiros era em geral vista com ressalvas, como despolitizante. Duda Mendonça, em particular, era marcado por sua associação com Paulo Maluf – ele teria sido o responsável pelo renascimento político do líder direitista, após uma série de derrotas eleitorais, ao comandar a campanha que o levou à Prefeitura de São Paulo em 1996. Além disso, o marqueteiro era identificado com o grau máximo de pasteurização do discurso político, sendo capaz, por exemplo, de usar os mesmos *slogans* para promover Maluf, candidato em São Paulo, ou o lendário líder socialista Miguel Arraes, em campanha pela reeleição ao governo de Pernambuco.

Profissional valorizado, Duda Mendonça custava caro para quem o contrata. O PT afirmou ter pagado 5 milhões de reais para contar com os serviços do marqueteiro e de sua equipe em 2002, valor superior ao total dos gastos da campanha de Lula em 1998. A imprensa acreditava, porém, que o contrato de Mendonça chegava a 15 milhões de reais (Michael e Athias, 2002). O PT que entrou na disputa eleitoral "para vencer" foi também um partido disposto a sustentar uma campanha rica. Isso significava contar com a boa vontade dos grandes contribuidores – bancos, empreiteiros e corporações multinacionais – que, das vezes anteriores, pendiam de forma nítida para seus adversários.

A contratação de um marqueteiro não é a mera escolha de um técnico para desempenhar funções na comunicação de campanha. Ele ocupa a posição de estrategistas políticos, sobretudo os mais prestigiosos, que carregam a aura de "magos" capazes de produzir vitórias improváveis e contornar situações tidas como irreversíveis. No caso sob análise, a própria composição da chapa de Lula sofreu a influência de Duda Mendonça, que foi um dos primeiros entusiastas da ideia de convidar José Alencar para a vice-presidência. Lula e José Alencar, juntos, encarnariam a união entre capital e trabalho, além de representarem dois "vencedores", meninos pobres que triunfaram por seus próprios méritos, um na política, outro nos negócios (Miguel, 2003: 293).[7] Como se verá mais adiante, insinuava-se aqui um importante deslocamento no sentido atribuído à trajetória de Lula. Desaparecia o "trabalhador igual a você" das primeiras campanhas do PT, entrando em seu lugar alguém que "subiu na vida".

Se o marqueteiro percebia elementos simbólicos atraentes na composição proposta, a direção do PT julgava que a aliança com o PL atestaria sua "moderação" diante do eleitorado mais conservador e dos grupos poderosos hostis à candidatura de Lula nas tentativas anteriores, isto é, o grande capital e a mídia. Feitas as contas, os ganhos eleitorais superariam os custos – dada uma constatação simples, a ausência de rivais relevantes no campo da esquerda.[8] Nem Anthony Garotinho, do Partido Socialista Brasileiro (PSB), com penetração no eleitorado evangélico, nem Ciro Gomes, do Partido Popular Socialista (PPS), com suas origens políticas no partido de sustentação da Ditadura Militar, eram opções convincentes para o eleitorado da esquerda. E os dois candidatos trotskistas – José Maria de Almeida, do Partido Socialista dos Trabalhadores Unificado (PSTU), e Rui Costa Pimenta, do Partido da Causa Operária (PCO) – lideravam agremiações com pouquíssima base social, estando condenados ao papel de coadjuvantes na disputa. O último candidato, José Serra, do Partido da Social Democracia Brasileira (PSDB), representava a continuidade do governo de Fernando Henrique Cardoso.

Assim, por mais que uma parcela importante de dirigentes e militantes do PT se sentissem desconfortáveis com a coligação com o PL, com o apoio velado ou ostensivo de caciques políticos conservadores, com a contratação de Duda Mendonça, com os compromissos com o capital assumidos ao longo da campanha, não havia alternativa. Junte-se a isso o somatório de esperanças depositadas, ao longo de mais de uma década, nas sucessivas candidaturas de Lula à presidência da República. O investimento emocional dos militantes e simpatizantes petistas era grande demais para que pudesse ser descartado sem grande sofrimento. As críticas internas foram silenciadas e o partido rumou para a eleição sem dissidências significativas.

O contraste entre o PT que disputou a presidência em 1989 e aquele de 2002 é grande, mas não foi uma transformação abrupta. Em 1989, no segundo turno, Lula recusou o apoio de Ulysses Guimarães, um político moderado, de estilo tradicional, mas que se destacara como adversário do regime militar – um episódio que se tornou emblemático do "purismo" que marcava o partido naquele período. A cada eleição seguinte, porém, uma abordagem mais pragmática ganhava força, ampliando o leque de alianças e suavizando alguns aspectos do discurso. O passo dado entre 1998 e 2002 foi maior que os anteriores, sem dúvida; mas outros passos já tinham sido dados e sinalizavam com clareza a direção que estava sendo percorrida.

Um dado ilustra bem essa trajetória. Em 1989, a eleição foi "solteira", isto é, somente para a presidência da República – as eleições para o Congresso Nacional e os governos estaduais ocorreram no ano seguinte. A partir de 1994, eleições presidenciais, congressuais e estaduais passaram a coincidir. A legislação brasileira permite que os partidos produzam coligações diferenciadas para disputar as eleições em cada unidade da federação. A fim de observar a evolução das alianças do PT, atribuiu-se o valor –1 para cada partido de esquerda coligado, 0 para os partidos de centro e +1 para os partidos de direita, de acordo com a distribuição no espectro ideológico utilizada correntemente na ciência política brasileira. As médias para quatro eleições estão indicadas na Tabela 1.

Tabela 1 – Composição ideológica das coligações estaduais do PT, 1990-2002

Eleição	Total de coligações[a]	Média[b]
1990[c]	45	–0,93
1994	74	–0,91
1998	81	–0,75
2002	87	–0,24

(a) Foram excluídos os micropartidos (aqueles que não obtiveram representação no Congresso Nacional em nenhuma das quatro eleições em análise), para os quais a identificação no espectro esquerda-direita é, muitas vezes, incerta.

(b) A escala varia de –1 (indicando coligações realizadas uniformemente com partidos de esquerda) a +1 (indicando coligações realizadas uniformemente com partidos de direita).

(c) Para 1990, não estão incluídos sete estados brasileiros (Paraná, Mato Grosso, Goiás, Sergipe, Alagoas, Tocantins e Acre), cujos dados não foram encontrados nos Tribunais Eleitorais.

Fonte: O autor, a partir de dados da Justiça Eleitoral.

Os números revelam que, a cada eleição, o PT se coligou mais, e com partidos mais diversificados ideologicamente. Entre 1990 e 1994, a diferença é irrisória; de 1994 para 1998, é relevante, mas aí o perfil de coligações do PT ainda se coloca de forma clara no campo da esquerda. O salto de 1998 para 2002 faz com que o partido apresente um perfil mais próximo ao centro do espectro político. Isso se explica, em parte, por mudanças nas regras – o Tribunal Superior Eleitoral impôs a chamada "verticalização das coligações", estabelecendo certos limites às coalizões nos estados. Mas o fato de que a aliança com o PL foi reproduzida numa ampla maioria dos estados (e, em algumas das oito unidades da federação em que PT e PL estiveram em campos opostos, a resistência foi dos diretórios locais liberais, não dos petistas) mostra que a opção pelo pragmatismo eleitoral era amplamente dominante nos círculos dirigentes do partido, até mesmo em âmbito regional.

A comunicação política do PT refletiu as mudanças na estratégia do partido. De maneira um tanto esquemática, mas ainda assim razoável, é possível identificar um "antieleitoralismo" nas origens do partido – isto é, a convicção de que as disputas eleitorais eram um aspecto menor da luta política, uma vez que as transformações reais precisariam ser sustentadas por uma forte mobilização de massas. A tarefa precípua era, portanto, a organização social, nos sindicatos, nas associações de moradores, nos diferentes movimentos sociais. Nessa fase inicial, a participação nas eleições era vista por uma perspectiva que se pode chamar de "leninista": um momento privilegiado de agitação e propaganda, que permitia fazer um proselitismo que, no entanto, não tinha como objetivo final o voto, e sim a militância, isto é, o engajamento político continuado.

Tal perspectiva vai sendo modificada, num processo que tem como principal motor o próprio êxito eleitoral do Partido dos Trabalhadores. Participar de eleições (ou do parlamento) apenas para marcar posição é, no limite, frustrante. Parece tentador fazer concessões menores em nome da ampliação das chances de vitória – uma vitória que representaria o acesso a posições que amplificariam a plataforma do partido e a nacos de poder que permitiriam realizar, ao menos em parte ou no âmbito local, seu projeto transformador. É o sucesso nas eleições que impõe ao PT a lógica eleitoral e, aos poucos, transforma-o num partido eleitoral.

Ainda assim, o partido encara as campanhas eleitorais como um momento de educação política. Aproveitando a excepcional janela que é o HPEG, apresenta um discurso claramente contra-hegemônico, contrapondo-se à visão de mundo difundida pela mídia burguesa. Se a pedagogia da campanha de 1989, que punha em questão a exploração do trabalho, não é repetida nos pleitos posteriores, fica a tentativa, presente tanto em 1994 quanto em 1998, de apresentar novos enquadramentos da realidade e novas interpretações sobre os problemas nacionais, suas causas e as respostas possíveis a eles.

Em 1994, o PT defrontou-se com o paredão do apoio unânime da grande mídia ao Plano Real e à candidatura de Fernando Henrique Cardoso; em 1998, outro paredão, o do silêncio que beneficiava a reeleição do presidente. Nas duas vezes, tentou, sem sucesso, modificar agenda e enquadramentos, denunciando as fragilidades do plano de estabilização monetária e o uso da máquina oficial em favor de um candidato; ou, então, indicando a seca no sertão nordestino e o crescimento dos índices de desemprego como problemas centrais a serem discutidos.

Nada disso esteve presente em 2002. Como observou Antonio Albino Canelas Rubim, numa das mais perceptivas apreciações sobre aquela campanha, a disputa sobre a interpretação da realidade foi limitada. O PT, como seus adversários, concentrou-se na disputa pela construção das imagens públicas dos candidatos e dos grupos a eles associados (Rubim, 2003). Isso implicava, na verdade, a adaptação à visão hegemônica sobre o mundo social, entendendo que remar *a favor* de concepções e compreensões já estabelecidas – ainda que limitadas, errôneas ou preconceituosas – ampliava as chances de êxito na disputa eleitoral (Miguel, 2004).

Em 2002, os programas de televisão do PT privilegiaram a apresentação de propostas "concretas" e pontuais para a solução de problemas identificados como prioritários, de acordo com a prescrição de dez entre dez marqueteiros. Mais da metade dos programas eleitorais noturnos antes do primeiro turno – 10, num total de 19 – foram em parte dedicados aos projetos da Farmácia Popular (medicamentos mais baratos), do Primeiro Emprego (redução de impostos para empresas que contratassem jovens), da reserva de vagas em universidades para estudantes oriundos de escolas públicas e semelhantes. O PT também destacou a equipe responsável pelas propostas, exibindo (em quatro programas do primeiro turno) uma constelação de estrelas acadêmicas que deveriam blindar Lula contra a crítica recorrente de seus adversários, de que lhe faltava instrução formal. Em quatro programas foi aberto espaço para declarações de apoio de personalidades e, pela primeira vez, grandes empresários estiveram presentes, como Ivo Rosset, da indústria têxtil (em 12/9), os pecuaristas Antônio Russo Neto e José Carlos Bumbai (em 21/9) e Eugênio Staub, do setor de equipamentos eletrônicos (também em 21/9). Os outros destaques foram intelectuais, artistas e um único líder operário, o metalúrgico Luiz Marinho (em 12/9).

Embora críticas genéricas ao governo Fernando Henrique Cardoso fossem bastante presentes, em especial por sua incapacidade de promover o crescimento econômico, em apenas dois momentos foram focados episódios específicos. Lula criticou o fato de que a Petrobras, uma empresa pública, encomendasse a construção de suas plataformas no exterior, em vez de contribuir para a geração de empregos no país (em 29/8); e, de forma similar, estranhou que os caças a serem adquiridos pela Força Aérea não fossem produzidos no Brasil, pela ex-estatal Embraer (em 7/9).

Um discurso difuso sobre a necessidade da "mudança" também estava presente, mas sequer singularizava o PT, já que era compartilhado por todos os candidatos, mesmo o governista José Serra. Se, na "disputa pelo discurso da mudança" (Almeida, 2003), Lula obteve vantagem, era porque usava o crédito obtido nas eleições anteriores. Ao ponto de inverter a equação, conforme mostra o *slogan* veiculado a partir do programa de 26 de setembro, dirigido ao eleitor resistente a votar em seu nome: "Se você não muda, o Brasil não muda". A necessidade de mudança e a identificação de Lula com esta mudança eram dadas como evidentes.

Assim, embora todos os candidatos disputassem o espaço da mudança, a preocupação do PT não era tanto se credenciar para ocupá-lo, o que já estava dado, mas apagar a ideia de que sua vitória provocaria sobressaltos ou tensões. É o objetivo da transformação da imagem de Lula, um processo que ocorre desde antes do início formal da campanha eleitoral.

Rubim (2003) identificou dois movimentos principais na construção da imagem de Lula em 2002. O líder sindical e, depois, partidário de perfil combativo – que transmitia uma agressividade pouco palatável para o eleitorado – foi substituído por alguém conciliador e dócil, que o próprio candidato identificou como sendo o "Lulinha paz e amor". Foi esse novo Lula que evitou críticas aos adversários, concentrando-se em programas "propositivos", como se a disputa política fosse um concurso sobre as melhores ideias para o bem da nação. O segundo movimento é a edificação da imagem do "grande negociador". Ao candidato do PT podia faltar experiência administrativa, como não cansavam de lembrar seus principais adversários – que haviam sido, todos, governadores ou ministros. Mas, por sua vivência como sindicalista e como presidente do Partido dos Trabalhadores, Lula tornara-se um exímio negociador, capaz de resolver diferenças e chegar a entendimentos por meio da conversa. Como ele mesmo ressaltava, ao final de seu discurso de encerramento de campanha, no segundo turno:

"A prática de negociar exaustivamente em busca do consenso, tanto utilizada pelo PT, me fez um homem paciente e sobretudo um homem de diálogo" (programa de 20/10, reprisado em 22/10).

Mas o negociador aparece sempre, no discurso da campanha, como um agregador. No mesmo discurso, o candidato dizia que seu governo teria "como marca registrada o entendimento e a negociação. Mais do que nunca será preciso fazer um pacto pelo país, numa autêntica união pelo país" (programa de 20/10, reprisado em 22/10). Há um salto argumentativo oculto, da negociação para a união. Não se trata – como nas campanhas anteriores do PT – de promover os interesses da parcela majoritária da população, que o partido identificava como sendo os "trabalhadores" que carregava no nome, mas de buscar um valor mais alto, o país, que congrega a todos e aplaina as diferenças.

Em 2002, o principal *slogan* da candidatura de Lula é "Quero um Brasil decente". Longe de assinalar a distinção entre uma classe (trabalhadores) com interesses opostos aos de outras, como fazia o "trabalhador vota em trabalhador" das primeiras campanhas do partido, o PT busca a identificação com um atributo – a "decência" – que transcende qualquer divisão da sociedade.

Por isso, é possível dizer que o discurso de Lula em 2002 foi, em aspectos cruciais, muito semelhante ao de Fernando Henrique Cardoso em 1994. Graças ao Plano Real, de estabilização econômica, que derrotou o "inimigo" de todos (a inflação), Fernando Henrique pôde encarnar a bandeira da união nacional – ele era, de acordo com um dos principais *slogans* de campanha, "a mão que está unindo o Brasil" (Miguel, 2000b). Na época, a propaganda do PSDB acusava Lula de criar a discórdia, alimentando os conflitos sociais.

Em 2002, a campanha do PT indica Lula como aquele capaz de promover a união nacional. "A verdade é que estamos no mesmo barco e que temos que dar as mãos e remar na mesma direção", dizia o candidato, após relatar que tinha conversado "com muitos empresários e com os sindicatos de trabalhadores" (programa de 10/9). O apresentador do programa insistia: precisamos de "alguém capaz de agregar, de somar, de multiplicar, capaz de unir os trabalhadores, os empresários, a classe média e todos os segmentos organizados da sociedade num grande pacto social" (programa de 19/9).

O depoimento do empresário Eugênio Staub, dono da Gradiente, empresa fabricante de televisores, aparelhos de som, telefones celulares e computadores, é significativo, por conceder positividade à palavra "político", que o próprio discurso político costuma rejeitar:

> Até recentemente, eu acreditava que era [de] um dos candidatos mais técnicos que nós precisávamos. Hoje eu tenho a certeza de que nós precisamos de um político, de alguém capaz de unir um país, capaz de estabelecer planejamento, propostas, de juntar todo mundo em torno da realização delas. Esse candidato é o Lula (programa de 21/9).

A identificação do conflito de interesses na sociedade – uma das marcas do discurso da esquerda – é diluída, num discurso que enfatiza a comunidade que une todos os setores. De forma algo paradoxal, o único registro da exploração que permanece em toda a campanha é uma música cantada pela dupla sertaneja Zezé de Camargo e Luciano (cuja participação na campanha, no lugar de artistas considerados menos comerciais, já foi uma concessão aos ensinamentos do marketing político):

> Quem trabalha tá ferrado nas mãos de quem só engana
> Feito mal que não tem cura
> Estão levando à loucura
> O Brasil que a gente ama
> Tem alguém levando lucro
> Tem alguém colhendo o fruto
> Sem saber o que é plantar (programa de 31/8).

Essa foi a menção mais direta ao conflito entre capital e trabalho em toda a propaganda na televisão. O PT de 2002 abandonou suas origens classistas, não apenas no arco de alianças que promoveu, mas mesmo no discurso de campanha.

O Lula "paz e amor" e o Lula "negociador" participavam de um mosaico que compunha uma figura maior, do Lula "responsável". É o candidato que se compromete a "respeitar os contratos", numa "Carta ao povo brasileiro" lançada em junho de 2002, e que avaliza os acordos com o Fundo Monetário Internacional (FMI). No dia 19 de agosto, os quatro principais candidatos – Lula, Ciro Gomes, Anthony Garotinho e José Serra – tiveram encontros com o presidente Fernando Henrique Cardoso, dos quais saíram declarando seu apoio ao acordo do país com o FMI, incluindo a meta de um superávit primário de 3,75% do Produto Interno Bruto, que comprimia severamente a capacidade de investimento governamental.

Mais do que o apoio ao acordo em si, a postura do candidato do PT sinalizava sua cautela diante de qualquer passo que desagradasse ao "mercado". Por estar tão firmemente ancorado no espaço da mudança, ele podia realçar os aspectos de continuidade com o governo vigente; e era a promessa de continuidade o que tinha a oferecer a seus adversários históricos no grande capital, sobretudo o financeiro. Num dos primeiros programas do segundo turno, Lula sintetizou sua posição: "Como tenho afirmado durante toda a campanha, vamos honrar todos os compromissos assumidos pelo governo brasileiro. Vamos manter a inflação sob controle e as metas de superávit primário que forem necessárias" (programa de 17/10).

Mais até do que naquilo que o candidato falou, essa inflexão é perceptível quando são analisados os temas sobre os quais se calou. O vice José Alencar, grande capitalista, citou na televisão a necessidade de distribuição de renda (programa de 28/9), mas o candidato à presidência evitou até a expressão. Ainda que Lula tenha se referido às "absurdas privatizações" (no discurso de encerramento do segundo turno, exibido em 20/10 e reprisado em 22/10), elas eram percebidas como dadas, sem que se cogitasse revê-las ou auditorá-las. A expressão "dívida externa" não apareceu sequer uma vez em toda a campanha na televisão.[9] Lula e o PT tampouco se referiram à Área de Livre-Comércio das Américas (Alca), no momento em que a negociação do acordo com os Estados Unidos despertava preocupações nos setores nacionalistas e à esquerda (e tornava-se o carro-chefe da campanha eleitoral dos dois pequenos partidos trotskistas). Na única vez em que pronunciou a sigla "FMI", no discurso de encerramento da campanha do segundo turno, foi para reafirmar seu compromisso com os acordos (programa de 20/10, reprisado em 22/10).

As duas transformações na imagem pública de Lula apontadas por Rubim – o conciliador e o negociador – são complementadas por uma terceira que, a meu ver, foi ainda mais reveladora das mudanças no projeto político e no discurso do PT. O Lula que se orgulhava de sua condição de integrante da classe trabalhadora, o Lula que era povo, "gente como a gente", foi transformado no "vencedor" que veio de baixo e subiu na vida. Seu passado de retirante e de metalúrgico, que alguns programas do HPEG expuseram em tom emocional, tornou-se algo como o pai vendedor de frutas de seu adversário José Serra, igualmente explorado na campanha eleitoral: uma origem popular, simpática, mas superada.

Não era apenas uma mudança cosmética. Ela revelou a capitulação diante da desqualificação da experiência popular e o reconhecimento de que a política, afinal, é um jogo exclusivo daqueles que estão na elite.

"Sempre enfrentei desafios na minha vida desde o dia em que nasci e sempre consegui vencer todos, um a um", sintetizou o candidato, no discurso de encerramento da campanha no segundo turno (programa de 20/10 e reprisado em 22/10). Esse vencedor aparecia na televisão com gravata e ternos bem cortados, o figurino de qualquer integrante da elite política no Brasil, em contraste flagrante com o sindicalista barbudo e mal-ajambrado de 1989. Os *flashes* biográficos inseridos em sua propaganda destacavam muito mais as viagens ao exterior e o convívio com "líderes mundiais" do que a vivência junto aos movimentos sociais brasileiros (programa de 24/9).

Usando o português falado das elites, desfiando números e termos técnicos sobre os mais diversos assuntos, Lula mostrava estar "preparado" para a presidência. A tal ponto que o preconceito contra a ausência de diploma universitário, fatal para suas candidaturas anteriores, em 2002 se mostrou bem mais abrandado. Quando José Serra tentou revivê-lo (programa de 17/9), sofreu forte desgaste – e não insistiu no tema.

A busca por uma imagem de "respeitabilidade" não foi inaugurada, decerto, em 2002. Já estava presente nas campanhas de 1994 e 1998. Mas lá podia ser considerada uma concessão menor às regras da política vigente. A diferença, em 2002, é que a barba bem aparada, o terno e gravata, as viagens internacionais, o vocabulário expandido surgiam como signos do êxito pessoal do candidato, num contexto – e isto é o ponto central – em que o PT abandonava a defesa da igualdade substantiva para promover a "igualdade de oportunidades".

A igualdade é um dos valores definidores da posição política de esquerda. As posições mais à esquerda tendem a acreditar na igualdade natural entre todos os seres humanos, ao passo que a direita enfatiza a desigualdade que produziria elites, de um lado, e massa, do outro. A esquerda apresenta como ideal a construção de uma sociedade plenamente igualitária, meta que a direita descarta como quimérica, já que a dominação dos muitos pelos poucos seria uma condição necessária de qualquer grupo de pessoas. Para a direita, a igualdade é uma ameaça à liberdade, enquanto a esquerda vê, ao contrário, a desigualdade como sendo o impedimento ao exercício da liberdade.

A igualdade de *oportunidades*, porém, é um elemento central do ideário liberal, em sua dupla oposição às posições aristocráticas anteriores – que negavam oportunidades iguais a todos, reservando postos e honrarias a grupos definidos pelo nascimento – e às posições socialistas ou socializantes, que queriam levar a igualdade para além das oportunidades. O valor da igualdade de oportunidades não é, em si, desprezível, mas ela é compatível com uma desigualdade real gritante. Como observou Phillips (1999: 60), "uma igualdade de recursos inicial, combinada com uma oportunidade igual de fazer o que quisermos com eles, não é capaz de satisfazer os requerimentos da igualdade" real. De fato, a combinação entre algum tipo de igualdade de oportunidades e a ideia de "responsabilidade individual" pelas consequências dos atos está na raiz de algumas das propostas mais reacionárias de organização social, que banem qualquer forma de solidariedade entre os integrantes da sociedade: todos têm oportunidades iguais no início e, daí em diante, cada um cuida da sua vida.

Não foi esse, evidentemente, o discurso do PT em 2002. Mas a oportunidade tornou-se o mantra da campanha; resumido em poucas palavras, o projeto que o partido apresentava para o Brasil era "oportunidades para todos". Uma das razões para a criminalidade, dizia o candidato, era a "falta de oportunidade" (programa de 27/8). Ele também lamentava que tantos jovens deixavam o campo, rumo à cidade grande, sem "conseguirem uma oportunidade" (programa de 31/8). Por isso, sintetizava Lula, "quero ser o presidente da esperança, da fartura, da justiça e da oportunidade para todo brasileiro" (programa de 31/8).

Uma das peças publicitárias mais importantes da campanha mostrou essa posição de forma cristalina. Um jovem ator, em tom arrebatado, contava a trajetória de um menino pobre:

> Eu acabei de entrar pra faculdade. Não foi fácil, mas eu consegui e agora eu tenho uma oportunidade. Nada nunca foi fácil pra mim. Eu estudei em escola pública, fui criado pela minha mãe, nunca tive pai, nunca tive nada. Minha mãe mal sabe ler mas confia em Deus e em mim e eu vou realizar os seus sonhos, custe o que custar.
>
> Mas quantos iguais a mim, melhores do que eu, mais inteligentes do que eu, nunca tiveram oportunidades na vida? Estão nas ruas, nas drogas, no crime! Ninguém nasce mau. Ninguém nasce bandido. É tudo uma questão de oportunidade, oportunidade! O jovem da favela também quer ter um tênis novo, uma camisa nova e o direito de sonhar como todo mundo.
>
> Este é o país de todos, de todos! Meu nome é João, eu sou brasileiro, amo o meu país!
>
> Viva o Brasil! Viva São Paulo! Viva o Cristo Redentor! Viva a Amazônia! Viva Luiz Inácio Lula da Silva! (programa de 24/8; o discurso foi reprisado em 24/9)

Num país como o Brasil, em que uma importante parcela da população está privada do acesso aos bens e serviços mais básicos, o tema da "oportunidade" pode ser entendido como sendo a extensão a todos das condições materiais mínimas para o exercício da cidadania. O discurso de Lula e do PT na campanha de 2002 seguramente indicava esta direção. Mas, ao colocar a questão em termos de "oportunidades", o problema da igualdade substantiva era eliminado e estava aberto o espaço para uma visão competitiva das relações sociais. O discurso do rapaz apresentou como ideal uma situação em que o Estado deve prover as oportunidades – em particular a educação – para que cada pessoa busque no mercado, simbolizado pelo tênis e camisa novos, a sua realização.

Algumas semanas depois do rapaz, foi a vez de uma jovem atriz pronunciar um discurso emocionado na campanha de Lula. Pela ambientação, pelo formato e pelo tom, ficava evidente a intenção de apresentar um *pendant* feminino à peça publicitária anterior:

> E de repente os políticos descobriram que somos a maioria do eleitorado e encheram sua propaganda de mulheres. Não perceberam que o mundo mudou, ou melhor, que nós mudamos o mundo e que os velhos truques já não funcionam mais.
>
> Chega de preconceitos, quero todo o meu direito. Quero ser tratada como igual. Com exceção, naturalmente, dos momentos onde gosto de ser frágil, feminina, sensual.
>
> Quero casar, ter família, filhos e ser uma mãe maravilhosa. Pra isso nasci mulher. Mas também quero justiça e oportunidade. Quero ter meu emprego, meu salário, meu dinheiro pra comprar as coisas pra mim e pros meus filhos, sem depender de marido.
>
> Quero um pouco mais de luz própria. Quero sofrer menos, quero viver mais. Foi por isso que resolvi parar, examinar e, dessa vez, fazer diferente. Viva Lula, presidente! (programa de 17/9)

Novamente, havia um apelo à "oportunidade", desta vez combinada com "justiça". Mas o discurso chama a atenção, sobretudo, pelo enfoque dado às questões de gênero, com as quais, desde sua fundação, o PT costumava ser bastante cuidadoso. As concessões a um pretenso senso comum incluem a ideia da "feminilidade" como limite à igualdade – a moça desejava ser "tratada como igual", exceto quando prefere "ser frágil, feminina, sensual". O emprego a que almeja não era visto como uma fonte potencial de realização e de afirmação na esfera pública, mas um instrumento para a obtenção de um salário que se apresenta como complementar ("pra comprar as coisas pra mim e pros meus filhos") ao de um marido-provedor. E havia no discurso, sobretudo, a naturalização dos papéis de esposa e mãe, indicados como os primordiais: foi para casar, ter família e filhos que ela nasceu mulher.

Ao cortejar o eleitorado feminino, tal como os adversários denunciados no início da fala da jovem, o PT julgou necessário marcar sua distância em relação ao discurso feminista. Da mesma forma como marcou distância dos movimentos sociais, em especial aquele que era então o mais visível deles, o Movimento dos Trabalhadores Rurais Sem Terra (MST). Nunca citado no programa de televisão, criticado durante a campanha por dirigentes do partido, o MST era o alvo oculto de discursos de Lula, que enfatizavam a necessidade de uma "reforma agrária organizada e pacífica, feita em terras ociosas" (programa de 21/9). Afinal, há anos os grupos conservadores, incluída aí toda a grande imprensa, acusavam o MST exatamente de ser baderneiro, agressivo e invadir fazendas produtivas.

Quando Lula e o PT negaram o discurso feminista e se distanciaram dos movimentos sociais, quando exaltaram o valor das oportunidades e apresentaram as possibilidades de consumo como meta natural das pessoas, ou ainda quando o candidato do partido ao governo de São Paulo, deputado José Genoino, ecoou a direita mais raivosa ao pregar mais "energia e força" da polícia no combate aos criminosos,[10] estavam dando passos de um mesmo movimento. O movimento do ajuste do discurso eleitoral às expectativas já dadas do público, evitando qualquer postura ou informação que perturbe as "certezas" hegemônicas já construídas.

O discurso do candidato petista foi produzido "cientificamente", por meio de pesquisas qualitativas junto ao eleitorado e grupos de teste conduzidos pelos especialistas em marketing. O molde, com ajustes laterais, valeria para qualquer candidato, de qualquer partido. Dada a padronização dos conteúdos, vale dizer, a despolitização da campanha, a disputa só pode se dar sobre as qualidades de cada um – a construção da imagem pública, identificada por Rubim.

Com o apoio do mais badalado marqueteiro do país, o que Lula fez foi se adaptar aos padrões dominantes do discurso político, em forma e em conteúdo: evasão diante de temas polêmicos, renúncia à utilização da campanha eleitoral como espaço de educação política, ênfase nos valores da união e da conciliação (encobrindo o fato de que a política é, por natureza, conflituosa). Mesmo a busca da "respeitabilidade" no vestuário, no gestual, na sintaxe, na prosódia e no vocabulário, como se viu, não foi apenas uma mudança cosmética, revelando a adesão aos padrões do comportamento político das elites.

As mudanças no discurso estão sincronizadas com mudanças na prática do PT, que decidiu aceitar o jogo eleitoral tradicional, feito por cima, através de arranjos com os poderosos. Ainda na campanha de 1998, Lula denunciava que os mesmos grupos dominavam o país "desde 1500", início da colonização portuguesa, sendo incapazes de resolver seus problemas. Em 2002, ele ostentava o apoio de muitos deles como forma de assinalar que estava em condições de chegar à presidência: "Tenho hoje um grande apoio para governar o país. Dos empresários, dos sindicatos, dos maiores economistas, de dois ex-presidentes da República (Itamar Franco e José Sarney), de políticos de todos os partidos, de importantes lideranças das forças armadas" (programa de 1/10).

A campanha de Lula ainda demonstrava compromissos com a transformação do país, dada a sensibilidade social do candidato e de seus assessores, bem como a presença de forças políticas à esquerda entre aqueles que o sustentavam. Uma proposta de mudança, porém, mostrava ter sido abandonada pelo PT: a ideia de mudar o jeito de fazer política no Brasil.

Num livro, *La distinction*, que coincidentemente foi publicado no ano em que ganhou corpo o projeto de criação do PT, o sociólogo francês Pierre Bourdieu observava como o campo político impede a expressão dos dominados, obrigando-os a imitar um discurso dominante que "nada pode transmitir de verdadeiro, de real, de 'sentido'" (Bourdieu, 1979: 538). Ao mesmo tempo, o campo político fixa os limites das propostas políticas aceitáveis, numa tarefa que conta com a colaboração ativa, mesmo que nem sempre consciente, da mídia, que ignora ou ridiculariza os desviantes, tachados desdenhosamente de "radicais".[11]

A trajetória do petismo revela sua progressiva submissão a tais constrangimentos. A interlocução com os movimentos populares perdeu espaço diante da "sabedoria" política tradicional, com seus acertos de cúpula, sua redução da política ao cálculo eleitoral, seu discurso moderado e evasivo, que evita o confronto com grupos poderosos e teme assustar a classe média.

O antigo PT era muitas vezes irritante, com sua ingenuidade política, o basismo que fazia com que qualquer decisão simples exigisse inumeráveis assembleias, o sectarismo que julgava que até mesmo conversar com um adversário era uma forma de contaminação. Com frequência, sua postura era arrogante, acreditando deter o monopólio da virtude; e a desqualificação que fazia de toda a história anterior das lutas dos trabalhadores brasileiros era injusta com uma trajetória que remontava a 1922, com a fundação do Partido Comunista, e ainda antes, com as ações do operariado anarquista. Mas, com todas as suas debilidades, o PT representava a promessa de uma nova forma de fazer política, alicerçada sobre um compromisso democrático radical e sobre a exigência inflexível da transformação de uma sociedade que, por quaisquer critérios, é indecentemente injusta e excludente.

Sua mera presença no cenário político impunha desafios às elites estabelecidas, que tinham que se defrontar com práticas e propostas alternativas. Em 2002, adaptado às rotinas e ao discurso da elite política, o PT não fazia mais a diferença. O resultado foi o estreitamento das opções de que o cidadão comum dispunha e o empobrecimento do debate político no Brasil.

Ao se aproximar da palavra "perfeita" das elites, o PT alcançou sua maior vitória eleitoral. Mas essa palavra "perfeita" – que é o discurso dos economistas "sérios" e dos políticos "moderados", que são os comerciais de TV impecáveis e as propostas "maduras" de governo – é, em si, uma ferramenta para a exclusão. Ela deslegitima as palavras imperfeitas de todos aqueles que, por sempre terem estado à margem do poder, veem a sociedade desde baixo e daí, desse ângulo pouco favorável, tentam construir projetos alternativos para sua organização.

NOTAS

[1] A afirmação da "novidade" é dominante nos estudos sobre o PT – ver, entre outros, Keck (1991), Meneguello (1989) e Oliveira (1988). Uma exceção parcial é Azevedo (1995), para quem a "novidade" petista não era mais do que a indefinição entre leninismo, que o autor julgava necessário enterrar, e social-democracia, cujo ideário deveria ser abraçado por completo.
[2] Nas eleições de 1998, o PT ganhou os governos do Rio Grande do Sul, do Mato Grosso do Sul e do Acre. No começo de 2002, depois que os titulares deixaram os cargos por exigência legal, para disputar as eleições, vice-governadoras petistas assumiram os governos do Rio de Janeiro e do Amapá.
[3] A denúncia da linguagem televisiva, comum entre intelectuais, ganha pleno sentido nas mãos de teóricos conservadores. Sartori (1998 [1997]), por exemplo, afirma

que a TV impede o raciocínio e degenera o ser humano. Ao satanizar o *meio* em si, deixa de lado o problema dos *controladores* da comunicação de massa.

4 A partir de 1998 também foi reduzido o período do HPEG, prejudicando os discursos alternativos àqueles difundidos pela mídia convencional.

5 Em eleições anteriores, a Igreja Universal – como a esmagadora maioria das denominações pentecostais brasileiras – alinhara-se abertamente à direita, adotando, nas pregações e em seus impressos, um discurso que chegava a satanizar a figura de Lula. Para uma síntese da ação eleitoral da igreja, ver Oro (2003).

6 Maluf divulgou seu apoio ao candidato petista ao governo de São Paulo, José Genoino, e insinuou a preferência por Lula na disputa pela presidência (Scolese e Bombig, 2002).

7 O programa eleitoral de 28 de setembro de 2002, que apresentou o candidato a vice-presidente, externou essa concepção. Lula elogiou Alencar, "que lutou e venceu de forma independente". E o vice afirmou que "nossa aliança representa pacto social importantíssimo. É a valorização do trabalho e da produção". Aqui, como no resto do texto, refiro-me aos programas eleitorais exibidos à noite, que atingem um público maior do que os vespertinos. A transcrição foi realizada por Sara Freire Simões de Andrade, então bolsista do Pibic/UnB/CNPq, cuja colaboração agradeço.

8 Trata-se de uma regra banal da ciência política, a chamada "tendência centrípeta da competição eleitoral", isto é, o incentivo ao deslocamento para o centro do espaço político (ver, por exemplo, Przeworski, 1985, e Sartori, 1976).

9 Instado por entrevistadores a tocar no assunto, Lula afirmou que "o PT evoluiu" e que seu governo pagaria a dívida externa ("Lula afirma que PT mudou e que pagará dívida externa". *Folha de S.Paulo*, 12/7/2003, p. 7).

10 Genoino deu a seu programa de segurança pública o título de "Operação Linha Dura" e, tal como a direita paulista, propôs pôr a "Rota nas ruas", numa referência ao batalhão da elite da Polícia Militar, celebrizado por sua truculência (Victor e Silva, 2002).

11 Às vésperas da já esperada vitória de Lula no segundo turno, uma reportagem de capa da principal revista de informação do país apresentava a esquerda petista como um risco ao novo governo, cabendo a Lula neutralizá-la. A ilustração dizia tudo: um cão raivoso de três cabeças, as cabeças de Marx, Lenin e Trotski (Graieb, 2002). O tom despudoradamente ideológico da revista *Veja* contrasta com a postura mais comedida do restante da mídia, mas a desqualificação da esquerda do PT – cujas propostas tendem a ser tratadas como fantasistas, folclóricas e, sobretudo, desprovidas de importância política real – é uma constante (cf. capítulo "Jornalismo, conflito e objetividade").

CONCLUSÃO: A MÍDIA E A DEMOCRACIA NO BRASIL

Luis Felipe Miguel e *Flávia Biroli*

A crise brasileira que culminou no golpe parlamentar de 2016, quando foi destituída a presidente Dilma Rousseff, contribuiu para reafirmar a centralidade dos meios de comunicação de massa na disputa política. A partir, sobretudo, da primeira eleição de Lula, em 2002, disseminou-se a crença de que a mídia brasileira estava se aproximando de um padrão de "civilidade", que não significava isenção ou recusa à busca por influência política, mas a aceitação de determinados limites, vinculados exatamente à necessidade de manter a credibilidade e à adesão às regras do jogo democrático pluralista. Estaríamos nos acercando, assim, do modelo consolidado nos países centrais, em que o controle privado dos meios se combina à democracia eleitoral e em que tende a haver uma homologia entre as posições relevantes da disputa partidária e o "espaço da controvérsia legítima" (Hallin, 1986: 116) coberto pelo jornalismo. Não por acaso, esse movimento é coincidente com a transformação do Partido dos Trabalhadores, que abandona sua posição antissistêmica e se integra de modo pleno ao jogo político dominante.

De fato, a eleição de 2002 marca uma mudança de comportamento da mídia, em comparação com as disputas anteriores, conforme visto no primeiro capítulo. A partir da metade do primeiro mandato de Lula, porém, a cobertura dos principais veículos passa a adotar um tom de crescente hostilidade. Um ponto crucial de inflexão é o início da "crise do mensalão", deflagrada pela entrevista do então deputado Roberto Jefferson ao jornal *Folha de S.Paulo*, publicada em 5 de junho de 2005. Embora desde aquele momento a degradação moral dos governos do PT tenha dado a tônica de muito do discurso jornalístico, pesquisadores da área de mídia e política relutavam em abrir mão da ideia de que se avançara na direção de uma maior "imparcialidade". Uma vez que a corrupção no governo era mesmo inegável, o entendimento de que havia um excesso no noticiário negativo seria reflexo não de um viés real dos meios, mas do *parti pris* dos receptores (Gomes, 2014; Gomes e Barros, 2014). A simpatia pelo PT determinaria a impressão de que os governos do partido eram perseguidos pela mídia.

Duas questões permaneciam abertas ao debate. Primeiro, até que ponto o noticiário adverso aos governos de Lula e, depois, de Dilma fugiu do padrão da cobertura de escândalos de corrupção nas administrações anteriores. Isto é: a imprensa foi mais incisiva do que havia sido, por exemplo, nos governos de Fernando Henrique Cardoso, Itamar Franco ou Fernando Collor? Segundo, de que maneira o PT foi singularizado como responsável exclusivo por problemas que, entretanto, são crônicos do sistema político brasileiro? O noticiário aderiu à narrativa da oposição de direita, de que a corrupção é traço de um "modo petista de governar", em vez de tematizá-la como algo que, no Brasil, se constituiu historicamente num dos meios privilegiados de relação entre poder econômico e poder político?

De modo mais amplo, o que está em questão são os padrões da atuação política dos meios de comunicação empresariais. Não se trata, como temos discutido neste livro, de situar o jornalismo em uma escala que vai da manipulação à imparcialidade, que seria o horizonte a ser alcançado, mas de compreender como a mídia atua e de que são feitos os discursos jornalísticos que constituem o ambiente político e conferem sentido às disputas.

Em crises políticas anteriores, como a que levou ao suicídio de Getúlio Vargas, em 1954, e se estendeu nos anos seguintes até seu desfecho, com o Golpe de 1964, a centralidade da corrupção no noticiário da ampla maioria dos jornais empresariais (com a exceção do *Última Hora*) permitiu que os antagonismos políticos fossem representados sem que os interesses distintos que estavam em disputa fossem expostos. Focado na corrupção, no "mar de lama" que corria sob o governo, para trazer uma imagem dos anos 1950, o noticiário denunciaria desvios, medidos em relação a valores que estariam situados acima e à parte do jogo político: lisura, transparência, honestidade (Biroli, 2004a, 2004b).

Na crise recente, os escândalos de corrupção também dominaram o noticiário, alimentados pelos vazamentos seletivos de policiais, procuradores e juízes ligados à Operação Lava Jato. Puderam ser chamados aos noticiários como agentes que, de fora da política, apontariam para ela, expondo aquela que seria sua verdadeira face. Não se trata, é claro, de reduzir a importância da dinâmica que conecta financiamento de campanhas a alocação indevida de recursos.

A questão, para a análise da atuação política dos meios de comunicação, é que os interesses em disputa sejam subsumidos a um combate à corrupção que se estabeleceria de um lugar exterior às disputas políticas e que o roteiro assumido no noticiário – em um arranjo que precisa ainda ser analisado de forma sistemática, no qual a ação dos agentes da justiça converge e é mesmo orquestrada, com a exposição das informações pelos meios de comunicação – aponte para alguns atores políticos, de forma seletiva.

Houve uma evidente desproporcionalidade entre os espaços concedidos àquelas denúncias feitas contra apoiadores do governo e às outras, que atingiam lideranças da oposição de direita – as últimas foram sistematicamente abafadas. Ao mesmo tempo, houve um cerco ao ex-presidente Lula, cujo nome esteve presente em dezenas de manchetes que o ligavam a escândalos de corrupção que envolviam valores pouco significativos e nunca foram de fato comprovados. As três principais revistas semanais de informação (*Veja*, *Época* e *IstoÉ*), bem como o principal canal de televisão *all-news* do Brasil (GloboNews), fizeram da derrubada do PT uma cruzada moral, mas os jornais diários e as emissoras de TV de sinal aberto não ficaram muito atrás. As manifestações contrárias a Dilma eram quase que abertamente convocadas pelos meios de comunicação, que depois as enquadravam como a expressão autêntica da cidadania. Já os atos contrário ao *impeachment* tendiam a ser minimizados e apresentados como a voz de minorias militantes.[1] No mesmo processo, a cobertura alavancou lideranças e organizações como Movimento Brasil Livre, Vem Pra Rua ou Revoltados On Line. Vistos como "espontâneos", foram na verdade o fruto do investimento de fundações privadas, muitas delas sediadas no exterior, crescendo graças à visibilidade midiática (Amaral, 2016).

Dependendo do que se leve em conta, o início da crise política pode ser situado em 2005, durante a chamada crise do mensalão, em 2013, com a explosão de insatisfação popular representada pelas Jornadas de Junho, ou em 2014, quando subiram as apostas de atores políticos, de parte do Judiciário e do Ministério Público, e de algumas empresas de comunicação na derrota da presidente-candidata nas urnas. Junho de 2013 sinalizou que os conflitos ganhavam as ruas e permitiu que diferentes insatisfações então expressas fossem significadas pelo jornalismo hegemônico como insatisfação com o governo. É difícil afirmar se as manifestações e as muitas lacunas na reação a elas indicam já uma fragilidade ou se o processo posterior, em que os meios de comunicação tiveram papel central, é que foi definidor para essa fragilidade. O que podemos afirmar é que até então Dilma Rousseff encontrava bons níveis de aprovação e mesmo, pela "faxina ética" que ensaiara promover no início do mandato, uma menor antipatia de parte das classes médias.[2] Foi partir de então, como dito anteriormente, que cresceram as apostas de que o desgaste da presidente poderia levar à sua derrota na tentativa de reeleição, em 2014.

E também começavam aí as indicações de que as regras do jogo político-eleitoral poderiam ser colocadas em xeque caso fosse reeleita. Antes mesmo do segundo turno das eleições, o colunista e membro do Conselho Editorial do Grupo Globo, Merval Pereira, já anunciava que o *impeachment* estaria no horizonte caso a candidata do PT fosse vitoriosa nas urnas. Na coluna publicada em 24 de outubro, dois dias antes da votação, Pereira mencionava a edição especial da revista *Veja*, na qual a revista atribuía ao doleiro Alberto Youssef um depoimento sobre desvios na Petrobras que permitiriam, segundo a mesma revista e a repercussão feita pelo colunista em seu blog, incriminar Dilma e Lula. Segundo ele, o decorrer do processo mostraria se seria mesmo possível incluí-los como réus – o que não ocorreu – e, "nesse caso, o *impeachment* da presidente será inevitável, caso ela seja reeleita" (Pereira, 2014) – o que aconteceu, ainda que sem provas sobre crime de responsabilidade nesse ou em outros casos de desvio de recursos.[3]

Reeleita Dilma, após campanha renhida, não houve a relativa calmaria que o fim de um processo eleitoral costuma gerar na disputa política. Pelo contrário, houve uma intensificação, que alimentou o clima de opinião que levou ao golpe parlamentar de maio/agosto de 2016.

Os meios de comunicação foram cruciais no processo. Os marcadores rituais da objetividade jornalística identificados por Tuchman (1972) foram sistematicamente desprezados. O percurso que identificamos na revista *Veja* (ver segundo capítulo) se espraiou para o restante do jornalismo brasileiro: o julgamento de valor sobre o governo petista (corrupto e incompetente na gestão da economia) adquiriu o *status* de fato, portanto imune a qualquer controvérsia. Combater o PT era ser objetivo.

Uma parte da explicação para este fenômeno pode estar na crise de financiamento do jornalismo, que compromete a reprodução das práticas profissionais até agora dominantes. As novas plataformas digitais favorecem a circulação de informação grátis. Isso compromete, em primeiro lugar, a vendagem dos veículos impressos. Mas elas permitem também que os consumidores de informação escapem da publicidade comercial. Apesar dos gigantescos esforços das empresas, a propaganda *on-line* se mostra menos eficaz, seja porque é eliminada nos múltiplos compartilhamentos da informação, seja porque existem ferramentas para fugir dela, seja ainda porque enfrenta a resistência dos usuários que a veem como uma imposição que prejudica a fruição dos conteúdos que desejam acessar. No entanto, a produção da informação continua tendo custos. Eles podem ser pagos por patrocinadores que não desejam dar visibilidade a marcas e produtos, mas influenciar no debate público – e então o jornalismo é colocado, de maneira cada vez mais cabal, a serviço de interesses políticos ou comerciais. Embora o financiamento pelo mercado (de anunciantes e de leitores) tivesse problemas, ele permitia sustentar uma deontologia apoiada em valores de independência e imparcialidade, que nunca eram inteiramente realizados, mas formavam um horizonte normativo. Hoje, este horizonte está cada vez mais longínquo.

A maior fragilidade no financiamento do jornalismo profissional implica mudanças na posição das empresas, mas também na configuração das redações, com jornalistas cada vez mais jovens. Por outro lado, as agências de comunicação e de marketing, especializadas na assessoria e na construção da imagem dos atores políticos, têm ampliado sua presença. É algo que pode ser pensado como um contraponto à maior pluralidade e à democratização dos recursos expressivos que a internet traria, segundo alguns entendimentos. Mas há boas razões para se ver essa dinâmica com olhos mais críticos. Em vez de eliminar ou reduzir a propaganda, a internet é parte da "hipercomercialização" da vida pública e o poder corporativo prevalece também nesse espaço (McChesney, 2013: 45).

O ciberespaço se define ainda, e apesar do que foi dito anteriormente, como um ambiente de luta pela disseminação de narrativas e enquadramentos da realidade, algo que foi evidente no Brasil no longo processo de desgaste e derrubada do governo Dilma Rousseff. As redes sociais, com destaque para Facebook e Twitter, viveram batalhas de palavras de ordem (*hashtags*) e permitiram, às posições menos contempladas pelo discurso da mídia tradicional, acesso a ferramentas para disputar sentidos.

Contra a avalanche da cobertura da grande mídia, colocavam-se também alguns poucos veículos comerciais, com destaque para a revista *CartaCapital*,[4] um conjunto de sites e as empresas de comunicação pública. Dilma Rousseff havia dado alguns passos no sentido de transformar a Empresa Brasileira de Comunicações (EBC), tornando-a um serviço mais público e menos governamental. Uma medida importante foi a determinação de que seus dirigentes teriam mandatos fixos, isto é, não seriam removíveis por simples vontade do presidente. Com isso, imaginava-se que seria capaz de produzir um conteúdo mais livre das pressões tanto do mercado quanto do Estado, logo mais próximo dos ideais profissionais do jornalismo. No contexto, isso significava conceder espaço também às vozes contrárias à derrubada da presidente, silenciadas na mídia empresarial. Após o golpe, uma das primeiras medidas tomadas pelo governo de Michel Temer foi revogar a independência da EBC.

Esse é um dos retrocessos que se apresenta no horizonte atualmente. Pode-se, no entanto, trabalhar com a hipótese de que os padrões dos conflitos e controvérsias no debate público se transformaram. Ainda que se leve em conta os limites da produção de informações para além das organizações jornalísticas e a fragilidade dos circuitos para a definição do debate público a partir das redes sociais, blogs e afins, a possibilidade de contestação do que é veiculado pela mídia empresarial foi, ao menos potencialmente, ampliada.

Mas a batalha travada entre 2013 e 2016 deixou patente, também, que a "velha mídia" continua central na configuração do debate público. As novas tecnologias da informação geraram uma multiplicidade de novas plataformas para a publicização de conteúdos e, como visto, comprometeram as fontes de financiamento do jornalismo convencional. Elas permitem que grupos marginalizados construam suas redes e disputem a interpretação do mundo social. Trata-se de uma abertura importante, cujo impacto não deve ser desprezado. Mas sua posição permanece, amplamente, como de reação à agenda e aos enquadramentos dominantes nos veículos tradicionais. A capacidade de produção da agenda, em particular, permanece quase de mão única: a mídia tradicional pauta sites, blogs e redes sociais todos os dias. O contrário ocorre e pode ter relevância em situações específicas, mas não é a regra.

Esta centralidade se explica porque, apesar da miríade de novas fontes de informação disponíveis, continuamos a precisar de *gatekeepers*. A função que o jornalismo exerce precisa ser suprida por alguém: recolher informações, selecioná-las, "empacotá-las" num produto para consumo e, enfim, distribuí-lo à audiência (Miguel, 1999b). Mesmo que as novas tecnologias possam ter viabilizado o acesso direto a algumas dessas informações, as funções específicas do jornalismo precisam ser supridas. Para quem se dispõe, existe uma quantidade gigantesca de material acessível para pesquisa. Mas a maior parte das pessoas não conta com tempo ou ânimo para ler milhares de páginas de documentos vazados pelo Wikileaks ou assistir a centenas de horas de filmes disponibilizados por videoativistas, a fim de lá encontrar a informação relevante. Continua a depender, assim, da seleção feita por outros, que apontam para o público – de acordo com critérios próprios, que certamente são sujeitos a questionamento – o que é o mais importante.

Pode ser que a função de selecionador da informação seja ocupada por mais pessoas e por pessoas mais diferentes entre si, mas não é imaginável que cada um de nós precise se defrontar com uma avalanche de informação não selecionada e não hierarquizada a cada dia.

Portanto, a desigualdade na capacidade de prover informação não desaparecerá. A fantasia de que, graças às novas tecnologias, todos somos igualmente provedores de informação – cada um de nós é seu próprio canal de televisão – deve ser deixada de lado. Gerar informação é fácil, publicá-la tornou-se fácil. Mas blogs ou páginas em redes sociais são, para quase todos nós, muito mais uma forma de desabafar ou de falar com pessoas de nosso círculo mais próximo do que de reconfigurar o debate público. Essa desigualdade é mantida não por imperativos tecnológicos, mas pela divisão social do trabalho. Estamos longe de uma configuração na produção da informação que não implique essa divisão. E talvez possamos mesmo imaginar outros padrões para essa divisão, mas não seu desaparecimento. A desigualdade na capacidade de prover informação continua, assim, politicamente importante. Os sistemas que recolhem e disponibilizam as informações ocupam uma posição-chave para influenciar as decisões políticas, seja pela definição da agenda, seja pela capacidade de orientar as escolhas. Por isso, permanece válida a ideia de que um indicador fundamental da qualidade do debate público – logo, da democracia, para aqueles que a têm – é o pluralismo, tanto político quanto social, dos agentes que estão nessas posições.

No ambiente político-midiático em que a crise recente se definiu, o pluralismo social tem sido não apenas insuficiente, mas tem sido contestado. Nas décadas recentes, as transformações sociais (no Ocidente, de forma mais ampla, e não apenas no Brasil), associadas à atuação dos movimentos negros, feministas e LGBT, incidiram sobre o debate público, inclusive nos meios de comunicação empresariais. Os estereótipos de gênero mais extremos, por exemplo, pareciam cada vez mais deslocados e ultrapassados nos jornais e revistas brasileiros, como observamos em pesquisa que analisou a imagem das mulheres ministras na imprensa entre os anos 1980 e 2010 (Miguel e Biroli, 2011). Esses mesmos estereótipos retornaram à cena, no entanto, na crise política atual. Mobilizados contra a presidente Dilma Rousseff, colocaram mais uma vez em xeque a competência das mulheres para atuar na esfera pública. Nas redes sociais, estiveram em circulação estereótipos de gênero com conteúdo sexual violento. Mas nas revistas semanais e jornais diários, a imagem das mulheres como desequilibradas, pouco sensatas e incapazes de dar conta das pressões que são parte da política foi mobilizada em vários momentos (Biroli, 2016).

Mais do que isso, esteve presente um esforço de reenquadramento da posição das mulheres, apresentado em sua forma mais extrema na reportagem de *Veja*, da edição de 18 de abril de 2016 – não por acaso, o final de semana em que a Câmara dos Deputados votava a favor do prosseguimento do *impeachment* de Dilma Rousseff. Nela, a revista elogiava a esposa do vice-presidente Michel Temer, 43 anos mais nova do que ele, utilizando-se do bordão "Bela, recatada e do lar". A contestação nas redes sociais, as campanhas que deslocaram o sentido do bordão e mesmo a repercussão na mídia internacional mostraram que o ambiente político-midiático é mais complexo do que um concerto conservador.

A temática de gênero não expõe simplesmente diferenças "num mundo multicultural" no qual "a multiplicidade de vozes está muito além de direita e esquerda" (Costa, 2016: A6), uma compreensão que parece ser mais fácil de acomodar às formas restritas da pluralidade, em que diferentes vozes poderiam ser enunciadas sem que os conflitos entre elas sejam expostos. Ela guarda conexão com os interesses no campo político e econômico e com as diferenciações em um espectro ideológico no qual direita e esquerda continuam a fazer sentido. O ponto é que o que está em jogo é mais do que uma questão identitária. As desigualdades de gênero nem sempre são tematizadas nos meios de comunicação empresarial e os movimentos sociais estão longe de ser vozes com peso no noticiário (Miguel e Biroli, 2011). A partir da internet e das ruas, o debate feminista tem forçado a entrada nos meios de comunicação empresariais. Sua incidência no campo político mais estrito tem, em alguns casos, se dado ao mesmo tempo que a mídia empresarial é mobilizada, e não em consequência dessa última. Em outubro de 2015, para mencionar um exemplo de como esse circuito tem se dado em alguns casos, milhares de mulheres foram às ruas, em todo o Brasil, contra um projeto de lei (PL 5069) que, se aprovado, dificultaria o atendimento daquelas que sofreram estupro, em especial o acesso à assepsia da gravidez. A mobilização logo deslizou da recusa do projeto de lei para a defesa do direito ao aborto, tendo se tornado a maior manifestação de rua pela defesa desse direito já ocorrida no país. Levou, assim, o tema para as páginas dos jornais de forma distinta daquela que tem predominado no debate político-midiático (Biroli e Miguel, 2016), de forma que paralisou por ora a tramitação do projeto e levou o então presidente da Câmara, Eduardo Cunha, um dos autores do projeto, a ajustar suas posições públicas dizendo que não visava reduzir o atendimento das mulheres violentadas.

É claro que de modo mais amplo o noticiário seguiu seu curso. Mas esse episódio mostra que os padrões de agendamento e definição das fronteiras do ambiente político-midiático precisam se analisados de forma que considere essa complexidade: a mídia empresarial continua a ter um papel central, mas esse protagonismo se dá em um ambiente que vem sendo modificado e no qual a ambiente e as novas formas de articulação e ativismo político ganham relevância.

* * *

Como procuramos mostrar neste livro, são múltiplos os enlaçamentos entre a política e os discursos públicos em disputa. Por sua posição na seleção e difusão destes discursos, os meios de comunicação de massa são atores centrais de todo o processo. Eles apresentam a si mesmos como portadores de fragmentos lídimos da realidade, mas seu produto não é exterior aos conflitos que relata.

Em todo o mundo, a partir da virada do século XX para o século XXI, o cenário se tornou mais complexo, graças à disseminação das novas tecnologias da comunicação. O modelo de financiamento da imprensa entrou em crise, mas seu peso político permaneceu importante; geraram-se canais alternativos de informação, sem que isso tenha significado que os fluxos se tornaram horizontais ou não hierárquicos. No Brasil, a fratura do experimento democrático iniciado nos anos 1980 contou com o engajamento de uma mídia que retornou a padrões de manipulação próprios das primeiras fases da transição política. No ambiente comunicacional modificado pelas inovações tecnológicas, esse retrocesso tanto mostrou a permanência do poder dos grandes veículos quanto revelou novas formas de resistência e de disputa pelos discursos públicos.

Há toda uma agenda de pesquisa emergente, desafiadora, para os estudos de mídia e política no Brasil. Nela, a investigação dos padrões de atuação da mídia mantém destaque. Um olhar atento às formas assumidas pelo conflito e pela contestação na sociedade precisa incorporar o problema de como os fluxos de comunicação se definem, de forma certamente hierárquica, mas também disputada.

NOTAS

[1] A história da cobertura da imprensa no período ainda precisa ser contada. A evidência cotidiana do viés da mídia foi registrada em sites vinculados à esquerda, como *Brasil 247*, GGN, *Pragmatismo Político* etc. Balanços parciais se encontram em Bentes (2016), Lopes (2016) e Tarantino, Costa e Marotta (2016), entre outros.

[2] Segundo as pesquisas do Datafolha, o governo Dilma alcançou seu pico de popularidade em março de 2013, com 65% de avaliações "ótimo/bom". Na pesquisa seguinte, no começo de junho de 2013, estava em 57%, caindo no final daquele mês, como efeito das manifestações, para apenas 30% de aprovação (Datafolha, 2014: 4).

[3] Agradecemos a Sylvia Moretzsohn, que chamou a atenção para esse episódio.

[4] Os últimos dados disponíveis no site da Associação Nacional de Editores de Revistas referem-se a 2014. Segundo eles, *CartaCapital* teria circulação semanal média de pouco menos de 30 mil exemplares. Já *Veja* superaria o milhão de exemplares, *Época* chegaria a 390 mil e *IstoÉ*, a mais de 320 mil (disponível em <http://aner.org.br/dados-de-mercado/circulacao/>, acesso em 13 set. 2016). Os números devem ser lidos com cuidado, já que os dados não são inteiramente confiáveis. Mas deixam claro que o principal veículo de imprensa com simpatias petistas possui penetração limitada.

BIBLIOGRAFIA

Abreu, Alzira Alves de. *A modernização da imprensa*. Rio de Janeiro: Jorge Zahar, 2002.
_____; Lattman-Weltman, Fernando; Rocha, Dora (orgs.) *Eles mudaram a imprensa*: depoimentos ao cpdoc. Rio de Janeiro: fgv, 2003.
Albuquerque, Afonso de. *Aqui você vê a verdade na tv*: a propaganda política na televisão. Niterói: mcii-uff, 1999.
_____. As três faces do quarto poder. In: Miguel, Luis Felipe; Biroli, Flávia (orgs.) *Mídia, representação e democracia*. São Paulo: Hucitec, 2010.
_____; Soares, Rafael Fortes. "Notícias de notícias: *Notícias do Planalto*, memória e autoridade jornalística". *Comunicação & Política*. v. xi, n. 1, 2004, pp. 135-69.
Aldé, Alessandra; Mendes, Gabriel; Figueiredo, Marcus. "Tomando partido: imprensa e eleições presidenciais em 2006". *Política & Sociedade*. n. 10, 2007, pp. 153-72.
Almeida, Jorge. "Lula, Serra e a disputa pelo discurso da 'mudança' em 2002". *Paper* apresentado no xii Congresso da Associação Nacional dos Programas de Pós-graduação em Comunicação (Compós). Recife, 2 a 6 jun. 2003.
Althusius, Johannes. *Política*. Edição de Frederick S. Carney. Rio de Janeiro: Topbooks, 2003 [1. ed. 1614].
Althusser, Louis. *Aparelhos ideológicos do Estado*. 9. ed. Rio de Janeiro: Graal, 2003 [1. ed. 1971].
Amaral, Marina. Jabuti não sobe em árvore: como o mbl se tornou líder das manifestações pelo *impeachment*. In: Jinkings, Ivana; Doria, Kim; Cleto, Murilo (orgs.) *Por que gritamos golpe?*: Para entender o *impeachment* e a crise política no Brasil. São Paulo: Boitempo, 2016.
Authier-Revuz, Jaqueline. "Heterogeneidade(s) enunciativa(s)". *Caderno de Estudos Linguísticos*. n. 19, 1990, pp. 25-42.
Azevedo, Clovis Bueno de. *A estrela partida ao meio*: ambiguidades do pensamento petista. São Paulo: Entrelinhas, 1995.

BADINTER, Elizabeth. *Rumo equivocado*: o feminismo e alguns destinos. Rio de Janeiro: Civilização Brasileira, 2005 [1. ed. 2003].
BAHIA, Juarez. *Jornal, história e técnica*. São Paulo: Ática, 1990 [1. ed. 1964].
BAKHTIN, Mikhail. *Marxismo e filosofia da linguagem*. São Paulo: Hucitec, 1995 [1. ed. 1929].
BENTES, Ivana. "Mídia brasileira construiu narrativa novelizada do *impeachment*". *The Intercept Brasil*, 1 set. 2016. Disponível em: <https://theintercept.com/2016/09/01/midia-brasileira-construiu-narrativa-novelizada-do-impeachment/>. Acesso em: 13 set. 2016.
BERELSON, Bernard R.; LAZARSFELD, Paul F.; MCPHEE, William N. *Voting*: a Study of Opinion Formation in a Presidential Campaign. Chicago: Chicago University Press, 1986 [1. ed. 1954].
BERGER, Christa. *Campos em confronto*: a terra e o texto. Porto Alegre: UFRGS, 2003.
BIROLI, Flávia. *Com a corrente*: modernidade, democracia e seus sentidos no jornalismo brasileiro. Campinas, 2003. Tese (Doutorado) – Unicamp/IFCH.
_____. "Jornalismo, democracia e golpe". *Revista de Sociologia e Política*. n. 22, 2004a, pp. 87-99.
_____. "Liberdade de imprensa: margens e definições para a democracia durante o governo de Juscelino Kubitschek". *Revista Brasileira de História*. v. 24, n. 47, 2004b, pp. 213-40.
_____. Política da ausência: diagnósticos da incompetência da (e para a) democracia no debate político no Brasil, anos 1955-1960. In: MARSON, Izabel; NAXARA, Márcia (orgs.) *Sobre a humilhação*: sentimentos, gestos, palavras. Uberlândia: Editora UFU, 2005.
_____. "Técnicas de poder, disciplinas do olhar: aspectos da construção do 'jornalismo moderno' no Brasil". *História*. v. 26, n. 2, 2007, pp. 118-43.
_____. "Gênero e política no noticiário das revistas semanais brasileiras". *Cadernos Pagu*. n. 34, 2010, pp. 269-99.
_____. Mulheres e política na mídia brasileira: estereótipos de gênero e marginalidade do "feminino" na política. In: PAIVA, Denise; BEZERRA, Heloísa Dias (orgs.) *Mulheres, poder e política*. Goiânia: Cânone Editorial, 2011.
_____. "Political Violence Against Women in Brazil: Expressions and Definitions". *Direito & Práxis*. n. 15, 2016, pp. 557-89.
_____; MANTOVANI, Denise. "Disputas, ajustes e acomodações na produção da agenda eleitoral: a cobertura jornalística ao Programa Bolsa Família e as eleições de 2006". *Opinião Pública*. v. 16, n. 1, 2010, pp. 90-116.
_____; MIGUEL, Luis Felipe (orgs.) *Aborto e democracia no Brasil*. São Paulo: Alameda, 2016.
BOUDANA, Sandrine. "On the Values Guiding the French Practice of Journalism: Interviews with Thirteen War Correspondents". *Journalism*. v. 11, n. 3, 2010, pp. 293-310.
BOURDIEU, Pierre. *La distinction*: critique sociale du jugement. Paris: Minuit, 1979.
_____. "La représentation politique. Éléments pour une théorie du champ politique". *Actes de la Recherche en Sciences Sociales*. n. 36-7, 1981, pp. 3-24.
_____. *Méditations pascaliennes*. Paris: Seuil, 1997.
_____. *A economia das trocas linguísticas*. São Paulo: Edusp, 1998a [1. ed. 1982].
_____. *La domination masculine*. Paris, Seuil, 1998b.
_____. The Political Field, the Social Science Field, and the Journalistic Field. In: BENSON, Rodney; NEVEU, Erik (eds.) *Bourdieu and the Journalistic Field*. Cambridge, UK: Polity, 2005 [1. ed. 1995].
_____. *A dominação masculina*. Rio de Janeiro: Bertrand Brasil, 2005 [1. ed. 1998].
BRUM, Cristiane. *Política, institucional ou pública?* Uma reflexão sobre a mídia legislativa da Câmara dos Deputados. Rio de Janeiro/Brasília, 2010. Tese (Doutorado) – UERJ/Cefor.

BIBLIOGRAFIA

BYSTROM, Dianne G. et al. *Gender and Candidate Communication*. New York: Routledge, 2004.
CALLAGHAN, Karen; SCHNELL, Frauke (eds.) *Framing American Politics*. Pittsburgh: University of Pittsburgh Press, 2005.
CANZIAN, Fernando. "Caso Erenice mudou mais votos do que temas religiosos". *Folha de S.Paulo*, 11 out. 2010, p. A-4.
CARPENTIER, Nico. "Identity, Contingency and Rigidity: the (Counter)Hegemonic Constructions of the Identity of the Media Professional". *Journalism*. v. 6, n. 2, 2005, pp. 199-219.
_____; TRIOEN, Marit. "The Particularity of Objectivity: a Post-Structuralist and Pshicoanalytical Reading of the Gap Between Objectivity-as-a-Value and Objectivity-as-a-Practice in the 2003 Iraqi War Coverage". *Journalism*. v. 11, n. 3, 2010, pp. 311-28.
CARVALHO, Rejane Vasconcelos Accioly de. *Transição democrática brasileira e padrão midiático publicitário da política*. Campinas/Fortaleza: Pontes/UFC, 1999.
CHODOROW, Nancy. *The Reproduction of Mothering*. Berkeley/Los Angeles: University of California Press, 1999 [1. ed. 1978].
COOK, Timothy E. *Governing with the News*: the News Media as a Political Institution. 2. ed. Chicago/London: University of Chicago Press, 2005 [1. ed. 1998].
CORRÊA, Villas-Bôas. *Conversa com a memória*: a história de meio século de jornalismo público. Rio de Janeiro: Objetiva, 2002.
COSTA, Paula Cesarino. "O que sustentam as colunas". *Folha de S.Paulo*, 14 ago. 2016, p. A6.
DATAFOLHA. *Avaliação da presidente Dilma Rousseff*. 2014. Disponível em: <http://media.folha.uol.com.br/datafolha/2014/05/09/site-evolucao-da-avaliacao-dilma-1.pdf>. Acesso em: 22 set. 2016.
DEUZE, Mark. "What is Journalism? Professional Identity and Ideology of Journalists Reconsidered". *Journalism*. v. 6, n. 4, 2005, pp. 442-64.
DOVIDIO, John F. et al. Prejudice, Stereotyping and Discrimination: Theoretical and Empirical Overview. In: DOVIDIO, John F. et al. (eds.) *The Sage Handbook of Prejudice, Stereotyping and Discrimination*. London: Sage, 2010.
DOWNS, Anthony. *An Economic Theory of Democracy*. New York: Harper and Brothers, 1957.
EAGLETON, Terry. *Ideologia*. São Paulo: Unesp, 1997 [1. ed. 1991].
ECO, Umberto. *Obra aberta*. São Paulo: Perspectiva, 1988a [1. ed. 1962].
_____. Introdução à segunda edição. *Obra aberta*. São Paulo: Perspectiva, 1988b [1. ed. 1967].
_____. *Apocalittici e integrati*: comunicazioni di massa e teorie della cultura di massa. Milano: Bompiani, 1993 [1. ed. 1964].
EISENBERG, José; VALE, Teresa Cristina de Souza Cardoso. "Simulação eleitoral: uma nova metodologia para a ciência política". *Opinião Pública*. v. 15, n. 1, 2009, pp. 190-223.
ETTEMA, James S.; GLASSER, Theodore L. *Custodians of Conscience*: Investigative Journalism and Public Virtue. New York: Columbia University Press, 1998.
FIGUEIREDO, Marcus. *A decisão do voto*. São Paulo: Sumaré, 1991.
FINLEY, M. I. *Democracia*: antiga e moderna. Rio de Janeiro: Graal, 1988 [1. ed. 1973].
FOUCAULT, Michel. *Microfísica do poder*. Rio de Janeiro: Graal, 1995 [1. ed. 1979].
_____. *A ordem do discurso*. São Paulo: Loyola, 1996 [1. ed. 1971].
FRAGA, Plínio; Zanini, Fábio. "PT concede quase tudo para 'última cartada' de seu líder". *Folha de S.Paulo*, Caderno Eleições, 6 out. 2002, p. 5.
FRASER, Nancy. Rethinking the Public Sphere: a Contribution to the Critique of Actually Existing Democracy. In: CALHOUN, Craig (ed.) *Habermas and the Public Sphere*. Cambridge, MA: MIT Press, 1992.
_____. Social Justice in the Age of Identity Politics: Redistribution, Recognition, and Participation. In: FRASER, Nancy; HONNETH, Axel (eds.) *Redistribution or Recognition? A Political-Philosophical Exchange*. London: Verso, 2003.

FRIEDAN, Betty. *The Feminine Mystique*. New York: WW Norton, 1997 [1. ed. 1963].
FRIES, Cláudia. *Um porco vem morar aqui!* São Paulo: BrinqueBook, 2000 [1. ed. 1999].
FSB PESQUISA. *Mídia e política*: hábitos de informação e monitoramento político. Ano 9. Brasília: FSB Comunicação, 2016.
GABLER, Neal. *Vida, o filme*: como o entretenimento conquistou a realidade. São Paulo: Companhia das Letras, 1999 [1. ed. 1998].
GANS, Herbert J. *Deciding What's News:* a Study of *CBS Evening News,* NBC *Nighlty News, Newsweek,* and *Time*. Evanston: Northwestern University Press, 2004 [1. ed. 1979].
GOFFMAN, Erving. *The Presentation of Self in Everyday Life*. Garden City: Doubleday, 1959.
_____. *Frame Analysis:* los marcos de la experiencia. Madri: Siglo XXI, 2006 [1. ed. 1975].
_____. *Estigma*: notas sobre a manipulação da identidade deteriorada. Rio de Janeiro: LTC, 2008 [1. ed. 1963].
GOMES, Wilson. *Transformações da política na era da comunicação de massa*. São Paulo: Paulus, 2004.
_____. "Mapeando a audioesfera política brasileira: os *soundbites* políticos no *Jornal Nacional*". *Paper* apresentado ao Grupo de Trabalho "Comunicação e Política" do XVII Encontro da Compós. São Paulo, 3 a 6 jun. 2008a.
_____. Internet e participação política. In: GOMES, Wilson; MAIA, Rousiley C. M. (orgs.) *Comunicação e democracia*: problemas e perspectivas. São Paulo: Paulus, 2008b.
_____. "'Media bias' ou Por que o noticiário político é parcial e adversário". *Paper* apresentado à Área Temática "Comunicação política e opinião pública" do IX Encontro da Associação Brasileira de Ciência Política (ABCP). Brasília, 4 a 7 ago. 2014.
_____; BARROS, Samuel. "Influência da mídia, distância moral e desacordos sociais: um teste do Efeito de Terceira Pessoa". In: FRANÇA, Vera; ALDÉ, Alessandra; RAMOS, Murilo César (orgs.) *Teorias da comunicação no Brasil*. Salvador: UFBA, 2014.
GORZ, André. *Métamorphoses du travail*: quête du sens. Critique de la raison économique. Paris: Galilée, 1988.
GRAIEB, Carlos. "Vai ser preciso segurar". *Veja*. n. 1774, 23 out. 2002, pp. 38-44.
GRAMSCI, Antonio. Caderno 17 (1933-1935). *Cadernos do cárcere*. v. 3. Rio de Janeiro: Civilização Brasileira, 2000 [1. ed. 1933-1935].
GUIMARÃES, Antonio Sérgio. "Democracia racial: o ideal, o pacto e o mito". *Classes, raças e democracia.* São Paulo: Editora 34, 2002.
HABERMAS, Jürgen. O conceito de poder de Hannah Arendt. *Habermas*: sociologia. São Paulo: Ática, 1980 [1. ed. 1976].
HALLIN, Daniel C. *The "Uncensored War"*: the Media and Vietnam. New York: Oxford University Press, 1986.
_____. *The "Uncensored War"*: the Media and Vietnam. Berkeley/Los Angeles: University of California Press, 1989.
_____; MANCINI, Paolo. *Comparing Media Systems*: Three Models of Media and Politics. Cambridge: Cambridge University Press, 2004.
HOBBES, Thomas. *Leviatán*. Ciudad de México: Fondo de Cultura Económica, 1980 [1. ed. 1651].
INTERVOZES. *Vozes silenciadas*: a cobertura da mídia sobre o Movimento dos Trabalhadores Rurais Sem Terra durante a Comissão Parlamentar Mista de Inquérito. São Paulo: Intervozes/Fitert/Fundação Friedrich Ebert, 2011.
IYENGAR, Shanto et al. "Running as a Woman: Gender Stereotyping in Political Campaigns". In: NORRIS, Pippa (ed.) *Women, Media, and Politics*. Oxford: Oxford University Press, 1997.
JANEWAY, Michael. *Republic of Denial*: Press, Politics, and Public Life. New Haven: Yale University Press, 1999.
KAHN, Kim Fridkin. *The Political Consequences of Being a Woman*: How Stereotypes Influence the Conduct and Consequences of Political Campaigns. New York: Columbia University Press, 1996.

BIBLIOGRAFIA

Keck, Margaret E. pt: a lógica da diferença. São Paulo: Ática, 1991.
Kucinski, Bernardo. *A síndrome de antena parabólica*: ética no jornalismo brasileiro. São Paulo: Fundação Perseu Abramo, 1998.
Kundera, Milan. *L'Insoutenable légèreté de l'être*. Paris: Gallimard, 1984 [1. ed. 1983].
Lasch, Christopher. *A rebelião das elites e a traição da democracia*. Rio de Janeiro: Ediouro, 1995.
Lattman-Weltman, Fernando; Carneiro, José Alan Dias; Ramos, Plínio de Abreu. *A imprensa faz e desfaz um presidente*: o papel da imprensa na ascensão e queda do fenômeno Collor. Rio de Janeiro: Nova Fronteira, 1994.
Lau, Richard L.; Redlawsk, David P. *How Voters Decide*: Information Processing During Election Campaigns. Cambridge: Cambridge University Press, 2006.
Lazarsfeld, Paul F.; Berelson, Bernard; Gaudet, Hazel. *The People's Choice*: How the Voter Makes up his Mind in a Presidential Campaign. New York: Columbia University Press, 1969 [1. ed. 1944].
Lévy, Pierre. *A inteligência coletiva*: por uma antropologia do ciberespaço. São Paulo: Loyola, 1998 [1. ed. 1994].
Lima, Venício A. de. "Medios de comunicación y democracia: la construcción de un presidente brasileño". *Telos*. n. 29, Madrid, 1992, pp. 121-34.
_____. "Televisão e poder: a hipótese do Cenário de Representação da Política". *Comunicação & Política*. Nova série, n. 1, 1994, pp. 5-22.
_____. "cr-p: novos aspectos teóricos e implicações para a análise política". *Comunicação & Política*. Nova série, n. 3, 1995, pp. 95-106.
_____. "Os mídia e o cenário de representação da política". *Lua Nova*. n. 38, 1996, pp. 239-71.
Lippmann, Walter. *Public Opinion*. New York: Free Press, 1997 [1. ed. 1922].
Lopes, Mauro. "As quatro famílias que decidiram derrubar um governo democrático". In: Jinkings, Ivana; Doria, Kim; Cleto, Murilo (orgs.) *Por que gritamos golpe?*: Para entender o *impeachment* e a crise política no Brasil. São Paulo: Boitempo, 2016.
Losurdo, Domenico. *Democracia ou bonapartismo*: triunfo e decadência do sufrágio universal. Rio de Janeiro/São Paulo: ufrj/Unesp, 2004 [1. ed. 1993].
Lourenço, Luiz Cláudio. "Na tela e nas urnas: novas evidências da influência dos debates e da propaganda eleitoral na decisão do voto presidencial em 1989". *Paper* apresentado no 34º Encontro Anual da Associação Nacional de Pós-Graduação em Pesquisa em Ciências Sociais (Anpocs), em Caxambu, de 25 a 29 out. 2010.
Ludlow, Peter (ed.) *Crypto Anarchy, Cyberstates, and Pirate Utopias*. Cambridge, ma: mit Press, 2001.
Manin, Bernard. *The Principles of Representative Government*. Cambridge, uk: Cambridge University Press, 1997.
Marcelino, Daniel et al. "A cabeça do jornalista: opiniões e valores políticos dos jornalistas no Brasil". *Comunicação & política*. v. 27, n. 3, 2009, pp. 13-42.
Mayer, Nonna (dir.) *Les modèles explicatifs du vote*. Paris: L'Harmattan, 1997.
McChesney, Robert W. *Digital Disconnect*: How Capitalism is Turning the Internet Against Democracy. New York: New Press, 2013.
McCombs, Maxwell. *A teoria da agenda*: a mídia e a opinião pública. Petrópolis: Vozes, 2009 [1. ed. 2004].
Meneguello, Rachel. pt: a formação de um partido, 1979-1982. Rio de Janeiro: Paz e Terra, 1989.
Meyrowitz, Joshua. *No Sense of Place*: the Impact of Electronic Media on Social Behavior. Oxford: Oxford University Press, 1985.
Michael, Andréa; Athias, Gabriela. "Em 2 meses, campanha petista gastou quase 4 vezes o total de 98". *Folha de S.Paulo*, Caderno Eleições, 15 set. 2002, p. 1.
Miguel, Luis Felipe. "Mídia e manipulação política no Brasil: a Rede Globo e as eleições presidenciais de 1989 a 1998". *Comunicação & política*. Nova série, v. vi, n. 2-3, 1999a, pp. 119-38.

_____. "O jornalismo como 'sistema perito'". *Tempo Social*. v. 11, n. 1, 1999b, pp. 197-208.
_____. "The Globo Television Network and the Election of 1998". *Latin American Perspectives*. v. 27, n. 6. Riverside, 2000a, pp. 65-84.
_____. *Mito e discurso político*: uma análise a partir da campanha eleitoral brasileira de 1994. Campinas: Unicamp, 2000b.
_____. "Os meios de comunicação de massa e a prática política". *Lua Nova*. n. 55-6, 2002, pp. 155-84.
_____. "A eleição visível: a Rede Globo descobre a política em 2002". *Dados*. v. 46, n. 2, 2003, pp. 289-310.
_____. "Discursos cruzados: telenoticiários, HPEG e a construção da agenda eleitoral". *Sociologias*. n. 11. Porto Alegre, 2004, pp. 238-58.
_____. *Democracia e representação*: territórios em disputa. São Paulo: Unesp, 2014.
_____. "Quanto vale uma valência?". *Revista Brasileira de Ciência Política*. n. 17, 2015, pp. 165-78.
_____; COUTINHO, Aline de Almeida. "A crise e suas fronteiras: oito meses de 'mensalão' nos editoriais dos jornais". *Opinião Pública*. v. 13, n. 1, 2007, pp. 97-123.
_____; BIROLI, Flávia. *Caleidoscópio convexo*: mulheres, política e mídia. São Paulo: Unesp, 2011.
MILL, John Stuart. *Sobre a liberdade*. Petrópolis: Vozes, 1991 [1. ed. 1859].
MILTON, John. *Areopagítica*. Rio de Janeiro: Topbooks, 1999 [1. ed. 1644].
MOTTA, Luiz Gonzaga; GUAZINA, Liziane. "O conflito como categoria estruturante da narrativa política: o caso do *Jornal Nacional*". *Brazilian Journalism Research*. v. 6, n. 1, 2010, pp. 132-49.
MUNDIM, Pedro. "O papel da cobertura da imprensa no realinhamento eleitoral de 2006: notas sobre a variável 'esquecida'". *Paper* apresentado no XIX Encontro da Associação Nacional dos Programas de Pós-Graduação em Comunicação (Compós), no Rio de Janeiro, de 8 a 11 jun. 2010.
MUTZ, Diana C.; MARTIN, Paul S. "Facilitating Communication Across Lines of Political Difference: the Role of Mass Media". *American Political Science Review*. v. 95, n. 1, 2001, pp. 97-114.
NASCIMENTO, Milton Meira do. *Opinião pública e revolução*. São Paulo: Edusp/Nova Stella, 1989.
NEVES, Paulo Sérgio da C. "Luta antirracista: entre reconhecimento e redistribuição". *Revista Brasileira de Ciências Sociais*. n. 59, 2005, pp. 81-96.
NEWMAN, Graeme R. "A Theory of Deviance Removal". *The British Journal of Sociology*. v. 26, n. 2, 1975, pp. 203-17.
NOELLE-NEUMAN, Elisabeth. *La espiral del silencio*: opinión publica, nuestra piel social. Barcelona: Paidós, 1995 [1. ed. 1993].
NOGUEIRA, Paulo. "A *Veja* vendida a preço de banana mostra a agonia das revistas no Brasil". *Diário do Centro do Mundo*, 19 nov. 2013. Disponível em: <http://www.diariodocentrodomundo.com.br/a-veja-vendida-a-preco-de-banana-mostra-a-agonia-das-revistas-no-brasil/>. Acesso em: 5 abr. 2016.
O ESTADO DE S. PAULO – OESP. *Manual de redação e estilo*. Organizado e editado por Eduardo Martins. São Paulo: O Estado de S. Paulo, 1990.
OBER, Josiah. *Mass and Elite in Democratic Athens*: Rhetoric, Ideology, and the Power of the People. Princeton: Princeton University Press, 1989.
OKIN, Susan Moller. *Justice, Gender, and the Family*. New York: Basic Books, 1989.
OLIVEIRA, Isabel Ribeiro de. *Trabalho e política*: as origens do Partido dos Trabalhadores. Petrópolis: Vozes, 1988.
ORO, Ari Pedro. "A política da Igreja Universal e seus reflexos nos campos religioso e político brasileiro". *Revista Brasileira de Ciências Sociais*. n. 53. São Paulo, 2003, pp. 53-69.
OSAKABE, Haquira. "A palavra imperfeita". *Remate de Males*. n. 7. Campinas, 1987, pp. 167-71.

BIBLIOGRAFIA

Pereira, Merval. "Tendências e denúncias". *Blog de Merval Pereira*, 24 out. 2014 Disponível em: <http://blogs.oglobo.globo.com/merval-pereira/post/tendencias-denuncias-553108.html/>. Acesso em: 20 set. 2016.

Phillips, Anne. *Which Equalities Matter?* Cambridge, uk: Polity, 1999.

Plot, Martín. *El Kitsch político*. Buenos Aires: Prometeo, 2003.

Prudencio, Kelly. Mobilizar a opinião pública: sobre a comunicação dos ativistas políticos. In: Miguel, Luis Felipe; Biroli, Flávia (orgs.) *Mídia, representação e democracia*. São Paulo: Hucitec, 2010.

Przeworski, Adam. *Capitalism and Social Democracy*. Cambridge, uk: Cambridge University Press, 1985.

Ribeiro, Lavina Madeira. *A institucionalização do jornalismo no Brasil*: 1808-1964. Campinas, 1998. Tese (Doutorado) –Unicamp/ifch.

Rodrigues, Fernando. "Lula coloca publicidade estatal em 8,094 veículos". *Folha de S.Paulo*, 28 dez. 2010, p. A-4

Rubim, Antonio Albino Canelas. "Cultura e política na eleição de 2002: as estratégias de Lula presidente". *Paper* apresentado no xii Congresso da Associação Nacional dos Programas de Pós-Graduação em Comunicação (Compós). Recife, 2 a 6 jun. 2003.

_____; Azevedo, Fernando. "Mídia e política no Brasil". *Lua Nova*. n. 43, 1998, pp. 189-216.

Saco, Diana. *Cybering Democracy*: Public Space and the Internet. Minneapolis: University of Minnesota Press, 2002.

Sartori, Giovanni. *Parties and Party Systems*. Cambridge, uk: Cambridge University Press, 1976.

_____. *A teoria da democracia revisitada*. São Paulo: Ática, 1994 [1. ed. 1987].

_____. *Homo videns*: la sociedad teledirigida. Buenos Aires: Taurus, 1998 [1. ed. 1997].

Schudson, Michael. *The Power of News*. Cambridge, ma: Harvard University Press, 1995.

_____. "The Objectivity Norm in American Journalism". *Journalism*. v. 2, n. 2, 2001, pp. 149-70.

_____. *The Sociology of News*. New York: Norton, 2003.

Schumpeter, Joseph. *Capitalismo, socialismo e democracia*. Rio de Janeiro: Jorge Zahar. 1984 [1. ed. 1942].

Scolese, Eduardo; Bombig, José Alberto. "Maluf declara apoio a Genoino no segundo turno; pt faz festa". *Folha de S.Paulo*, Caderno Eleições, 22 out. 2002, p. 1.

Scott, James C. *Weapons of the Week*: Everyday Forms of Peasant Resistance. New Haven: Yale University Press, 1985.

_____. *Domination and the Arts of Resistance*: Hidden Transcripts. New Haven: Yale University Press, 1990.

Seiter, Ellen. "The 'Terms' of Women's Stereotypes". *Feminist Review*. n. 22, 1986, pp. 58-81.

Sodré, Nelson Werneck. *História da imprensa no Brasil*. 2. ed. Rio de Janeiro: Graal, 1977 [1. ed. 1966].

Sunstein, Cass R. "Preferences and Politics". *Philosophy and Public Affairs*. v. 20, n. 1, 1991, pp. 3-34.

_____. *Rumores*: como se difunden las falsedades, por qué nos las creemos y qué se puede hacer contra ellas. Buenos Aires: Debate, 2010 [1. ed. 2009].

Tarantino, Mônica; Costa, Rachel; Marotta, Tatiana. "O papel da mídia na crise". *Brasileiros*, 26 maio 2016. Disponível em: <http://brasileiros.com.br/2016/05/o-papel-da-midia-na-crise-2/>. Acesso em: 13 set. 2016.

Taschner, Gisela. *Folhas ao vento*: análise de um conglomerado jornalístico no Brasil. Rio de Janeiro: Paz e Terra, 1992.

Thompson, E. P. *A formação da classe operária inglesa*. São Paulo: Paz e Terra, 1987 [1. ed. 1963].

THOMPSON, John B. *Ideologia e cultura moderna*: teoria social crítica na era dos meios de comunicação de massa. Petrópolis: Vozes, 2002 [1. ed. 1990].

TREJO DELABRE, Raúl. "Telecracia no es democracia". *Comunicação & política*. Nova série, v. I, n. 1. Rio de Janeiro, 1995, pp. 107-25.

TUCHMAN, Gaye. "Objecitivity as Strategic Ritual: an Examination of Newsmen's Notions of Objectivity". *American Journal of Sociology*. v. 77, n. 4. Chicago, 1972, pp. 660-79.

VICTOR, Fábio; SILVA, João Carlos. "Para PT e ONG, 'linha dura' de Genoino é infeliz". *Folha de S.Paulo*, Caderno Eleições, 16 out. 2002, p. 5.

WAISBORD, Silvio. *Watchdog Journalism in South America*: News, Accountability and Democracy. New York: Columbia University Press, 2000.

WEBER, Maria Helena. "Sobre a produção de comunicação pública de Estado e a disputa de opinião e visibilidade política". *Paper* apresentado no 34º Encontro Anual da Associação Nacional de Pós-Graduação em Pesquisa em Ciências Sociais (Anpocs), em Caxambu, de 25 a 29 out. 2010.

WOLF, Naomi. *The Beauty Myth*: How Images of Beauty are Used Against Women. New York: Harper Perennial, 2002 [1. ed. 1991].

YOUNG, Iris Marion. *Justice and the Politics of Difference*. Princeton: Princeton University Press, 1990.

_____. *Inclusion and Democracy*. Oxford: Oxford University Press, 2000.

CRÉDITOS DOS CAPÍTULOS

"Meios de comunicação, preferências e voto no Brasil" foi publicado originalmente como "Orgulho e preconceito: a 'objetividade' como mediadora entre o jornalismo e seu público", em *Opinião Pública*, v. 18, n. 1, 2012.

"Jornalismo, conflito e objetividade" foi publicado originalmente como "Meios de comunicação de massa, voto e conflito político no Brasil", na *Revista Brasileira de Ciências Sociais*, n. 81, 2013.

"O jornalismo como gestor de consensos" foi publicado originalmente como "Limites da política e esvaziamento de conflitos: o jornalismo como gestor de consensos", na *Revista Estudos Políticos*, n. 6, 2013.

"A reprodução dos estereótipos no discurso jornalístico" e "Kitsch e discurso político na mídia" foram primeiro publicados, respectivamente, como "Mídia, tipificação e exercícios de poder: a reprodução dos estereótipos no discurso jornalístico" e "Falar bonito: o Kitsch como estratégia discursiva", na *Revista Brasileira de Ciência Política*, n. 6, 2011.

"Igualdade e oportunidade nas campanhas de Lula" foi publicado originalmente como "From Equality to Opportunity: Transformations in the Discourse of Workers' Party in the 2002 Elections", em *Latin American Perspectives*, v. 33, n. 4, 2006.

OS AUTORES

Luis Felipe Miguel (Rio de Janeiro, 1967) é doutor em Ciências Sociais pela Universidade Estadual de Campinas (Unicamp) e professor titular do Instituto de Ciência Política da Universidade de Brasília (UnB), onde coordena o Grupo de Pesquisa sobre Democracia e Desigualdades (Demodê). É pesquisador do Conselho Nacional de Desenvolvimento Científico e Tecnológico (CNPq) e autor de diversos livros.

Flávia Biroli (São José do Rio Preto, 1975) é doutora em História pela Unicamp e professora do Instituto de Ciência Política da UnB, onde também coordena o Grupo de Pesquisa sobre Democracia e Desigualdades (Demodê). É autora de diversos livros.

GRÁFICA PAYM
Tel. [11] 4392-3344
paym@graficapaym.com.br